免震部材の接合部・取付け躯体の設計指針
(第4版)

2025年 4月

 一般社団法人日本免震構造協会

改訂にあたって（第4版）

　「免震部材の接合部・取付け躯体の設計指針」（以下、本指針）は、第3版の発行後約5年が経過しました。この間に当委員会では、設計や施工時に生じる免震部材の接合部や取付け躯体に関する問題点について、論文調査を含め把握と議論を進めてきました。さらに、当協会の免震部材関係の他委員会と連携して、本指針への反映事項を確認してきました。また、本指針の準拠基準である「各種合成構造設計指針・同解説（日本建築学会）」（以下、各種合成指針）の2023年8月改定を機に、本指針の第4版改訂を行うこととなりました。

　各種合成指針2023年版ではアンカーボルトに引張力とせん断力とが同時作用する際の組合せ力に対する係数αが原則1.0に変更され、本指針もαを1.0に変更しています。また、旧指針に関して質疑などがありました、周辺フレームの剛性が低い場合の積層ゴムアイソレータの反曲点高さへの影響、高支持力を受ける免震支承の下部コンクリート支圧強度確認、及びフランジプレートのボルト孔径の設定などについて、留意点や参考文献を追記しています。

　免震部材接合部に用いる各種合成指針の適用範囲を超える太径のアンカーボルト（突起付きボルト）の引張耐力は、現時点で不明確であり、積層ゴムアイソレータに引張力が生じる場合には十分な定着長を確保することを推奨しています。この点は今後の研究課題でありますが、当協会における免震部材部会のアンカーボルト実験WG（主査：髙山峯夫）において現在実験が行われており、得られた知見を次回の改訂に反映する予定となっています。

　本指針の設計法は、設計クライテリアに対し安全を考慮して、許容応力度設計法としています。また、アンカーボルトの設計では、コンクリートコーン状破壊の算出用の有効長にはかぶり部分を除くことや、上述の各種合成指針2023年版に準拠するなど、接合部の安全性に配慮したものとしています。これらは、接合部や取付け躯体が、大地震時に免震部材の機能を発揮する前に先行して損傷してはならない、大変重要な箇所だからです。免震建物は極めて稀な地震動に対しても上部構造が許容応力以内あるいは弾性限以内で設計されているので、想定外地震動に対しても、免震部材、その接合部、クリアランスに余裕があり免震機能が維持されれば、安全性の余裕があると考えられます。従って免震部材の接合部に余裕のある設計を行うことは構造設計として合理性があると言えます。

　今日、高い耐震性能を有する免震建物の重要性は広く認識されつつあります。しかしながら、免震設計における構造規定が確立されている状況ではなく、設計者による適切な判断が重要になります。免震部材の接合部と取付け躯体の設計においては、本指針を適宜活用し、より安全な免震構造の設計がなされることを希望しています。

2025年4月
一般社団法人　日本免震構造協会
技術委員会免震設計部会設計小員会

改訂にあたって（第3版）

　「免震部材の接合部・取付け躯体の設計指針」（以下、本指針と称す）は、準拠基準である「各種合成構造設計指針・同解説（日本建築学会）」の改定に伴い、2014年1月に第2版が発行されました。その後、下記に示す積層ゴムアイソレータの接合部の応力の算定法が提示されたのを機に、接合部の設計及びその設計例等の見直しを行い、今回改訂第3版を発行することとなりました。

　本指針の今回の改訂点のひとつは、積層ゴムアイソレータの接合部の応力算定法を最新の知見に基づき変更したことです。これは2013〜2015年に本協会技術委員会に設置された積層ゴムのベースプレートWG（主査：古橋剛）の研究成果の一部を反映したものです。当時は、積層ゴムアイソレータの接合部の応力の算定法は数種類存在し、さらに接合部の合理化工法も採用され始めていて、信頼性の高い応力算定法の確立が求められていました。同WGはゼネコン5社と本協会の共同研究として設置され、合理的な応力算定法の確立を目的として実大鉛プラグ入り積層ゴムアイソレータの静的載荷実験、FEM解析による実験結果のトレースなどを行いました。その成果の一部は「接合部の応力算定法」として(一財)日本建築センターの任意評定を取得し、また、一部は当協会会誌No.97、2017年度建築学会大会で報告されています。

　今回の改訂指針では、アンカーボルトの応力の平面保持仮定による算定、引張り時のてこ反力の考慮、圧縮時の支圧の検討などにその研究成果を反映しています。なお、これらの式の適用にあたっては、実験の結果はこれらの仮定に完全に一致するわけでなくばらつきがあること、これらの仮定の採用が設計的に概ね妥当であると判断されているということに留意して頂きたい。

2019年9月
一般社団法人 日本免震構造協会
技術委員会免震設計部会設計小員会

改訂にあたって（第2版）

「免震部材の接合部・取付け躯体の設計指針」（以下、本指針と称す）は、2009年7月に初版が発行され、約3年が経過しました。その間、読者からの指摘や委員会内での議論を踏まえ誤記や表現の修正及び、免震部材の設計事例の追加などを行ってきました。さらに、本指針の準拠基準であります「各種合成構造設計指針・同解説（日本建築学会）」（以下各種合成指針と称す）が2010年秋に大幅に改定されたことを機に、本指針の改訂版を発行することとなりました。

改定各種合成指針の中で本指針が準拠しているのは、第4編の各種アンカーボルト設計指針であり、その改定内容は主にアンカーボルトの耐力評価式です。その変更内容と本指針において適用した事項を、本文3.2章の表中にまとめて示しています。この変更内容に基づき、本指針の本文や接合部の設計例の修正を行っています。また接合部の設計事例として、鉛プラグ入り積層ゴムアイソレータと履歴ダンパー付き積層ゴムアイソレータを加えています。

また、初版の本指針の参考資料に掲載しました免震部材接合部に用いる接合ボルトと現行法規の整合の問題は、いまだ未解決のままです。そこで、この問題を解決すべく日本免震構造協会内に委員会が設けられ、検討が進められることとなりました。

2014年1月
一般社団法人　日本免震構造協会
技術委員会免震設計部会設計小委員会

はじめに（初版）

　免震部材は、一般的にアンカーボルトやスタッドボルトを取付けたベースプレートを介して、上下躯体に接続されます。免震部材の性能を十分に発揮するためには、免震部材の特性を把握した上で確実に躯体に接続させる必要があります。そのためには、免震部材に生じる応力を躯体に伝達可能な接合部の設計、及び免震部材と取付け躯体間の確実な施工が必要となります。

　本指針では、免震部材として代表的なアイソレータとダンパーを対象に、免震部材と躯体接合部、及び取付け躯体について、その設計方法と設計例、及び留意点を示しています。なお本指針の作成に当たっては、周辺部材安全性検討WG（巻末参照）において提起された接合部の問題点やその対処方法を考慮しています。

　一般的に免震部材メーカーの技術資料に示されている部材特性は、性能を保証可能な条件下での試験結果であります。従って免震部材の接合部の設計に当っては、部材の特性を十分把握した上で、実際の取付け方法や設置環境、及び経年変化にも留意する必要があります。本指針では、主に大地震時における免震部材から接合部に生じる応力に対して、接合部が健全に機能する標準的なディテールの設計を提案しています。なお本文中には、今まであまり留意されてこなかった大変形時の応力増大に対応した接合部設計例や上下動作用時の引張軸力に対応したディテール等についても示しています。

　なお本指針は代表的な免震部材における標準的な接合部の設計を示したものであり、設計方法も安全を考慮して許容応力度設計としています。現在免震部材接合部における解析や実験は十分行われているとは言い難く、今後研究が進められ本指針に示す設計方法や接合方法がさらに進展していくことを期待しています。

2009年7月
社団法人日本免震構造協会
技術委員会免震設計部会設計小委員会

目　　次

頁

1. 基本方針　　　　　　　　　　　　　　　　　　　　　　　　　　　1
　(1) 適用対象　　　　　　　　　　　　　　　　　　　　　　　　　　1
　(2) 用　語　　　　　　　　　　　　　　　　　　　　　　　　　　　1
　(3) 設計条件および設計方針　　　　　　　　　　　　　　　　　　　3
　　　1) 接合部および取付け躯体の設計　　　　　　　　　　　　　　　3
　　　2) 設計用外力　　　　　　　　　　　　　　　　　　　　　　　　4
　　　3) 免震部材交換に関する設計上の配慮　　　　　　　　　　　　　4

2. 使用材料と強度　　　　　　　　　　　　　　　　　　　　　　　　6
2.1 使用材料の定数と許容応力度　　　　　　　　　　　　　　　　　　6
　(1) 材料の定数　　　　　　　　　　　　　　　　　　　　　　　　　6
　(2) 材料の許容応力度　　　　　　　　　　　　　　　　　　　　　　6

3. 各種アンカーボルト　　　　　　　　　　　　　　　　　　　　　　7
3.1 各種アンカーボルトの接合方法に関する構造規定　　　　　　　　　7
3.2 各種アンカーボルトの耐力　　　　　　　　　　　　　　　　　　　7
　(1) スタッドボルトの許容耐力　　　　　　　　　　　　　　　　　　8
　(2) アンカーボルトの許容耐力　　　　　　　　　　　　　　　　　11
　(3) 突起付きボルトの許容耐力　　　　　　　　　　　　　　　　　14
　(4) 組み合わせ応力　　　　　　　　　　　　　　　　　　　　　　18

4. 接合部の設計　　　　　　　　　　　　　　　　　　　　　　　　20
4.1 アイソレータ　　　　　　　　　　　　　　　　　　　　　　　　20
　(1) 接合部の設計　　　　　　　　　　　　　　　　　　　　　　　20
　(2) 積層ゴムアイソレータ接合部の設計　　　　　　　　　　　　　25
　(3) 弾性すべり支承接合部の設計　　　　　　　　　　　　　　　　38
4.2 ダンパー　　　　　　　　　　　　　　　　　　　　　　　　　　42
　(1) 接合部の設計　　　　　　　　　　　　　　　　　　　　　　　42
　(2) ダンパー接合部の設計例　　　　　　　　　　　　　　　　　　43
4.3 各種アイソレータの接合部の設計例　　　　　　　　　　　　　　49
　(1) 天然ゴム系積層ゴムアイソレータ接合部の設計($\varphi1,300$)　　49
　(2) 鋼製ダンパー付き積層ゴムアイソレータ接合部の設計($\varphi700$)　58
　(3) 鉛プラグ入り積層ゴムアイソレータ接合部の設計($\varphi800$)　　71
　(4) 鉛プラグ入り積層ゴムアイソレータ接合部の設計($\varphi800$,引張軸力考慮)　80
　(5) 鉛プラグ入り積層ゴムアイソレータ接合部の設計($\varphi1,400$,引張軸力考慮)　93
　(6) 弾性すべり支承接合部の設計　　　　　　　　　　　　　　　　101

5. 取付け躯体の設計　　　　　　　　　　　　　　　　　　　　　　109
5.1 アイソレータ　　　　　　　　　　　　　　　　　　　　　　　　109
　(1) 取付け躯体の設計　　　　　　　　　　　　　　　　　　　　　109
　(2) 標準ディテール　　　　　　　　　　　　　　　　　　　　　　111
5.2 ダンパー　　　　　　　　　　　　　　　　　　　　　　　　　　115
　(1) 取付け躯体の設計　　　　　　　　　　　　　　　　　　　　　115
　(2) 取付け躯体の設計例　　　　　　　　　　　　　　　　　　　　116
　(3) 標準ディテールと設計留意事項　　　　　　　　　　　　　　　118

6. 参考資料	122
6.1 免震材料に使用する高強度取付けボルトの扱いについて	122
(1) 建築基準法における免震材料用取付けボルトの取り扱いについて	122
(2) 高強度ボルトを使用する際の留意点	122
(3) 日本免震構造協会の高強度ボルト対応状況	123
(4) フランジプレートのボルト孔径について	123
6.2 免震部材と鉄骨部材の接合について	124
(1) 鉄骨造での免震部材接合形式	124
(2) 設計上の留意点	125
6.3 鉛ダンパーの設計例	127
(1) 鉛ダンパー接合部の設計	127
(2) 鉛ダンパーの取付け躯体の設計	131
付録. 第4版の改訂内容	134

1. 基本方針

(1) 適用対象

本指針は、免震部材が取り付く躯体接合部の設計および取付け躯体自体の設計について示したものである。ここで取り上げる免震部材は、一般的な形状の支承材およびダンパーである。取り上げた免震部材以外の免震部材を用いる場合は、本指針の例にならって適用されたい。またアイソレータやダンパーの接合部としては、アンカーボルト、スタッドボルトなどの各種ボルトを取り付けたプレートを介して躯体に結合する形式を対象としている。

なお、本指針は代表的な免震部材における標準的な接合部の設計を示したものであり、設計方法も安全を考慮して許容応力度設計としている。本指針以外の接合方法、設計方法については、解析や実験によりその安全性が確認された場合は、その使用を妨げるものではない。

(2) 用語

本指針中で使用されている主要な部位の用語を以下に示す。

- スタッドボルト

    本指針では「各種合成構造設計指針・同解説 2023 改定（日本建築学会）」[1-1]（以下「各種合成指針」）に示される頭付きアンカーボルト（頭付きスタッド）を示す。

- 取付けボルト

    免震部材をベースプレートに固定するボルト。平12建告第2009号第6の構造計算による免震建築物の設計に用いる場合は注意が必要である。〔本指針6.1節参照〕

- 突起付きボルト

    免震部材の取付けボルトを固定する長ナットに突起付きボルトを設けたもの。
    但し、応力伝達が十分可能なディテールであるもの。〔図1.1.1参照〕

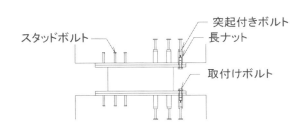

図1.1.1 スタッドボルト、突起付きボルト併用例

・アンカーボルト

　本指針では、鋼棒の先端に定着板等を設けることで、比較的大きな引張力が伝達できるアンカーボルトを示す。〔図 1.1.2 参照〕

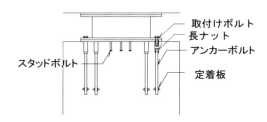

図 1.1.2　スタッドボルト、アンカーボルト併用例

・横筋

　ベースプレート上部または下部躯体（免震基礎）の水平鉄筋のこと。

　各種アンカーボルトの引張力に対するコンクリートのコーン状破壊おいて、アンカー頭部が横筋と同程度の位置で止まっている場合、横筋の存在によるコンクリート断面欠損効果により早期に引張ひび割れが断面全体に貫通して剥離し、有効なコーン破壊面積として機能しない事象が報告されている[1,2]。この様な場合、引張力が低下する恐れがあることから、アンカー頭部は横筋より十分深くなるように設定する。〔図 1.1.3 参照〕

　本指針でのコーン状破壊算出用の有効長 L_e は、コンクリートのかぶり厚さを除いた長さ（図 1.1.3 に示す横筋の外端まで）を用いるものとする。

　なお、コンクリート取付け躯体の側面コーン状破壊の算出では、同様に取付け躯体側面のかぶり厚さを除いた長さ（取付け躯体の帯筋の外端まで）が有効となる。〔図 3.2.3 参照〕

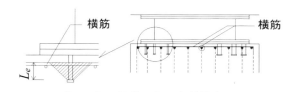

L_e:スタッドボルトの有効長さ

図 1.1.3　横筋

(参考)

・突起付き袋ナット

　免震部材の取付けボルトを固定する袋ナットに突起を設けたもの。接合部に引張が生じる場合は原則として使用しないことが望ましい。〔図 1.1.4 参照〕

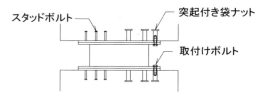

図 1.1.4　スタッドボルト、突起付き袋ナット併用例

(3) 設計条件および設計方針
 1) 接合部および取付け躯体の設計
　　接合部・取付け躯体は、極めて稀に発生する地震動における免震部材（アイソレータやダンパー）に作用する応力に対し、短期許容応力度設計を行うことを原則とする。
　　免震部材に作用する応力は、免震部材の各種ばらつきや特性を考慮した、部材に生じる最大応力を用いる。

　① アイソレータ接合部・取付け躯体の設計
　　アイソレータは、長期にわたり建物重量を支持し、地震時には大きな水平変形に対して安定した挙動を発揮することが求められている。設計者は、免震システムとしてのアイソレータの選定にあたり、鉛直支持性能、変形性能、復元性能などの基本性能に関し、環境温度の影響や製品のばらつき、経年変化といった変動要因を考慮することの他、大変形時のハードニングなど、使用するアイソレータの特性を十分に把握することが必要である。また、上部構造の水平変形による変動軸力に加え、上下地震動による変動軸力を考慮することで、アイソレータに引張軸力が生じるか否か、引張軸力が生じる場合にはどの程度の引張軸力が生じるかを適切に評価し把握することが重要である。
　　現在、アイソレータには積層ゴムアイソレータが多く用いられており、これらの躯体への取り付けは、一般的にフランジを取付けボルトにより固定する方法が用いられている。この取付けボルトに発生する軸力に関して、昨今様々な研究により軸力の予測式が示されるなど、積層ゴムアイソレータの特性の解明が行われている。特に、接合部の応力算定を明確にすることを目的とした日本免震構造協会の技術委員会「積層ゴムのベースプレートWG」共同研究の中で、実大の静的載荷実験[1-3]により新たな応力算定手法および知見が報告されている。
　　本指針では、それらアイソレータの特性などを理解した上で、アイソレータと建物躯体を接合する接合部・取付け躯体が、設計者が意図している免震システムとしてのアイソレータの性能を十分に発揮できるように余裕度を考慮し、極めて稀に発生する地震動においてアイソレータに作用する応力に対し、短期許容応力度設計を行うことを原則としている。

　② ダンパー接合部・取付け躯体の設計
　　接合部・取付け躯体の設計用のダンパー応力は、免震建物設計時に採用するダンパー応力以上を想定すべき場合がある。設計者は、免震建物設計時に材料認定書に示されるダンパーの復元力特性に各種依存性や製造等のばらつきを考慮して設計を行うが、これは等価なエネルギー吸収量となるような復元力特性に対する諸元が示されたものであり、必ずしも接合部・取付け躯体の設計に用いる最大応力が示されたものではない。このため、想定されるダンパー応力は、設計者がダンパー部材メーカーの実験結果などを基に設定することが必要な場合がある。ダンパー応力の方向についても、減衰機構として考慮する水平方向だけでなく、ダンパーによっては鉛直方向に無視できない応力が作用するものもある。また、ダンパー接合部の形状によっては取付け躯体にねじれなどが生ずる場合もある。
　　設計者が、接合部・取付け躯体に作用する応力を十分理解し、ダンパー部材より先に接

合部・取付け躯体が損傷することがないように十分配慮し、設計を行う必要があり、本指針では、極めて稀に発生する地震動においてダンパーに作用する応力に対し、短期許容応力度設計を行うことを原則としている。

2) 設計用外力
  ① 接合部および取付け躯体の設計に考慮する外力
    接合部および取付け躯体の設計に考慮する外力は以下に示すものとするが、免震部材、接合方法、形式により、この他に作用する可能性がある外力について適切に考慮する。
    ・免震部材および接合部に作用する長期荷重時鉛直力
    ・免震部材および接合部に作用する短期荷重時水平力
    ・免震部材および接合部に作用する短期荷重時鉛直力

  ② 設計用外力
    設計用外力は、免震部材の変形、免震層の最大相対変位（クリアランス）、ダンパーの最大減衰力を適切に考慮して決定する。
   a) 長期荷重時鉛直力
      免震部材自重、建物自重を適切に考慮する。
   b) 短期荷重時水平力
      ・免震部材の水平性能（材料認定条件）を考慮する。
      ・初期剛性，二次剛性，降伏荷重（切片荷重）を考慮し、変形時に剛性や降伏荷重（切片荷重）の増加がある場合は適切に考慮する。
      ・方向性について適切に考慮する。
      ・特性変動（製品のばらつき，速度依存性，温度依存性，繰り返し依存性、歪依存性，経年変化など）を適切に考慮する。
      ・地震後に免震層に大きな残留変形が生じる場合など、油圧ジャッキにより建物を元の位置に戻す計画をする場合には、これらの反力を適切に考慮する。

   c) 短期荷重時鉛直力
      ・アイソレータに作用する鉛直力は、水平地震動により免震層に生じる最大応答転倒モーメントから算定される軸力と上下地震動による力の和とする。
      ・ダンパーに作用する鉛直力は、水平変形によるダンパーの伸び（引張力の負担）や、免震層の鉛直方向相対変位が作用する場合は引張力を適切に考慮する。

  ③ 接合部および取付け躯体の設計に対する地震動
    接合部および取付け躯体の設計に対する地震動は、極めて稀に発生する地震動とする。

3) 免震部材交換に関する設計上の配慮
    免震建物は、「必要に応じて免震材料の交換を行うことのできる構造とすること」が原則であり、このことは免震告示（平12建告第2009号）にも示されている。
    免震部材はボルトで躯体と接続されるため、部材自体は交換が可能なディテールで設計

されている。実際に交換するには、免震部材の免震層への搬入、交換ルートの確保、ジャッキ配置およびジャッキアップ可能な躯体であるかなど様々な検討が必要であり、それらに対して設計時に配慮が必要である。免震部材の交換を設計時にどこまで詳細に検討するかは、建物にもよるが、交換を考えていない、もしくは交換不可能な建物であってはならない。免震部材の交換の際に、設備配管・配線の盛替え工事や、躯体の補強、撤去・復旧などが生じる場合には、設計時にあらかじめ建築主に説明しておく必要がある。

参考文献

*1-1)：日本建築学会「各種合成構造設計指針・同解説」2023 年 8 月

*1-2)：日本免震構造協会「パッシブ制振構造設計・施工マニュアル第 4 版別冊 1 , 頁Ⅰ-10～11」2024 年 6 月

*1-3)：古橋、中島他「積層ゴム支承を固定するベースプレート工法の接合部の応力算定法に関する研究　その 1～その 5」
　　　　日本建築学会学術講演梗概集　2017 年 9 月

2. 使用材料と強度

2.1 使用材料の定数と許容応力度

(1) 材料の定数

鋼材およびコンクリートの定数は、「鋼構造許容応力度設計規準（日本建築学会 2019）」（以下「S 規準」）および「鉄筋コンクリート構造計算規準・同解説(日本建築学会 2018)」（以下「RC 規準」）に準拠する。

表 2.1.1 ヤング係数(N/mm^2)

鋼材	2.05×10^5
コンクリート	$3.35 \times 10^4 \times (\gamma_c/24)^2 \times (F_c/60)^{1/3}$

F_c:コンクリートの設計基準強度(N/mm^2)
γ_c:コンクリートの気乾単位体積重量(kN/m^3)　＊特に調査しない場合は $\gamma_c = \eta_c - 1.0$
η_c:鉄筋コンクリートの単位体積重量(kN/m^3)
$\eta_c = 24.0\ (F_c \leq 36)$、$24.5\ (36 < F_c \leq 48)$、$25.0\ (48 < F_c \leq 60)$

(2) 材料の許容応力度

鋼材の許容応力度は「S 規準」、コンクリートおよび鉄筋の許容応力度は「RC 規準」に準拠する。

表 2.1.2 鋼材の F 値(N/mm^2)

鋼材種別		建築構造用		一般構造用			溶接用鋼材			
		SN400 SNR400 STKN400	SN490 SNR490 STKN490	SS400 STK400 STKR400 SSC400 SWH400	SS490	SS540	SM400 SMA400	SM490 SM490Y SMA490 STKR490 STK490	SM520	SM570
F	40mm 以下	235	325	235	275	375	235	325	355	400
	40mm を超え 100mm 以下	215	295	215	255	—	215	295	40mm<t≦75mm 335 75mm<t≦100mm 325	400

表 2.1.3 ボルトおよび高力ボルトの長期許容応力度(N/mm^2)

材　料			引張	せん断
ボルト	強度区分	4.6, 4.8	160	$160/\sqrt{3}$
		5.6, 5.8	200	$200/\sqrt{3}$
		6.8	280	$280/\sqrt{3}$
	その他の強度のボルト		F/1.5	$F/1.5\sqrt{3}$
高力ボルト	F8T		250	120
	F10T		310	150
	(F11T)		(330)	(160)

許容応力度は、ボルトはねじ部有効断面（JIS B1082-2009）、高力ボルトは軸断面について算定する。

3. 各種アンカーボルト

3.1 各種アンカーボルトの接合方法に関する構造規定

　本指針では、スタッドボルト、アンカーボルト、突起付きボルトの各種アンカーボルトを対象としている。その接合方法に関する本指針の構造規定を以下に示す。

- 免震部材に引張力が作用する場合は、原則としてアンカーボルトを設ける。
- 各種アンカーボルトの埋込み深さは、アンカー頭部が横筋より十分深くなるように設定する。
- 各種アンカーボルトのコーン状破壊耐力算定時の投影面積は横筋位置（外面）とすることが望ましい。また、水平投影面積は、アンカーボルト間距離や接合部躯体側面のへりあき寸法を考慮した有効面積とする。
- 突起付きボルト先端の突起形状は、引抜耐力確保のため十分な大きさとする。
- ベースプレートは応力伝達上十分な厚さがあるものとする。
- ベースプレートとの取付け部（ボルト、溶接等）がアンカーボルトの許容耐力以上であることを確認する。
- アンカーボルトとスタッドボルトを併用した場合、引張力をアンカーボルト、せん断をスタッドボルトで負担させる設計方法もある。ただし、併用しない場合は、引張とせん断の組合せ応力により、各種アンカーボルトの検討を行う。

3.2 各種アンカーボルトの耐力

　免震部材の接合部の各種アンカーボルトの許容耐力は、原則として各種合成指針により算定する。ただし、各種合成指針の適用範囲はコンクリート強度 Fc18〜Fc48、アンカーボルト径は 9mm 以上 25mm 以下であり、本指針の適用範囲までの拡大には至っていない。そのため、適用範囲外のボルトを採用する場合については、検討項目の追加や旧各種合成指針（各種合成構造設計指針 1985 年版）の評価式の採用、また軸部・頭部の形状について規定を追記している。突起付きボルトについては、頭部形状など各種合成指針の規定範囲外であることから、旧各種合成指針の支圧強度耐力式も採用することとする。

(1) スタッドボルトの許容耐力

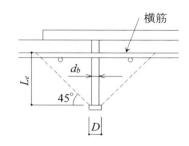

図 3.2.1 スタッドボルト詳細図

1) 短期許容引張力 P_a の算定

$P_a = \min(P_{a1}, P_{a2})$ （式 3.1）

① スタッドボルト軸部の降伏により決まる場合の短期許容引張力(P_{a1})

$P_{a1} = \phi_1 \times {}_s\sigma_{pa} \times {}_{sc}a$ （式 3.2）

- ϕ_1 ：短期荷重用　$\phi_1 = 1.0$
- ${}_s\sigma_{pa}$ ：スタッドボルトの引張強度　${}_s\sigma_{pa} = {}_s\sigma_y$ (N/mm²)
- ${}_s\sigma_y$ ：スタッドボルトの規格降伏点強度(N/mm²)
- ${}_{sc}a$ ：スタッドボルトの軸部有効断面積(mm²)

② コンクリート躯体のコーン状破壊により決まる場合の短期許容引張力(P_{a2})

$P_{a2} = \phi_2 \times {}_c\sigma_t \times A_c$ （式 3.3）

- ϕ_2 ：短期荷重用　$\phi_2 = 2/3$
- ${}_c\sigma_t$ ：コーン状破壊に対するコンクリートの引張強度　${}_c\sigma_t = 0.31\sqrt{F_c}$ (N/mm²)
- A_c ：コーン状破壊面の有効水平投影面積 (mm²)

    $A_c = \pi \times L_e \times (L_e + D) - S$

- L_e ：スタッドボルトの有効長さ (mm)

    （頭部から、コンクリートのかぶり厚さを除いた接合部横筋までの長さ）

- D ：スタッドボルトの頭部径 (mm)
- S ：投影面の重なり面積 $S = r_n^2 \times (\theta - \sin\theta)$ (mm²)

    $r_n = L_e + D/2$　　$\theta = 2\cos^{-1}(d_{min}/2/r_n)$

    ただし、$d_{min} \geq 2L_e + D$ のとき $S = 0$

- d_{min} ：スタッドボルト間距離 (mm)

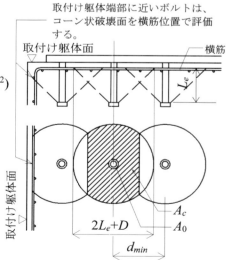

図 3.2.2 有効水平投影面積(A_c)

③ スタッドボルト頭部支圧応力度の算定
・スタッドボルトの許容引張力時の頭部支圧応力度に対して、コンクリートの短期許容支圧応力度(f_n)の関係が（式3.4）を満足することを確認する。

$$P_a/A_0 \leqq f_n \qquad (式3.4)$$

P_a ：スタッドボルトの短期許容引張力 (N)
A_0 ：スタッドボルトの頭部の支圧面積 (mm^2)
$$A_0 = \pi \times (D^2 - d_b^2)/4$$
d_b ：スタッドボルトの軸部径 (mm)
f_n ：コンクリートの短期許容支圧応力度　$f_n = \sqrt{A_c/A_0} \times F_c$ (N/mm^2)
　　　ただし、$\sqrt{A_c/A_0} \leqq 6$ とする

2) 短期許容せん断力 q_a の算定

$$q_a = \min(q_{a1}, q_{a2}, q_{a3}) \qquad (式3.5)$$

① スタッドボルトのせん断降伏強度により決まる場合の短期許容せん断力(q_{a1})

$$q_{a1} = \phi_1 \times {}_s\sigma_{qa} \times {}_{sc}a \qquad (式3.6)$$

ϕ_1 ：短期荷重用　$\phi_1 = 1.0$
${}_s\sigma_{qa}$ ：スタッドボルトのせん断強度　${}_s\sigma_{qa} = 0.7 \times {}_s\sigma_y$ (N/mm^2)
${}_s\sigma_y$ ：スタッドボルトの規格降伏点強度 (N/mm^2)
${}_{sc}a$ ：スタッドボルトの軸部有効断面積 (mm^2)

② コンクリート躯体の支圧強度により決まる場合の短期許容せん断力(q_{a2})

$$q_{a2} = \phi_2 \times {}_c\sigma_{qa} \times {}_{sc}a \qquad (式3.7)$$

ϕ_2 ：短期荷重用　$\phi_2 = 2/3$
${}_c\sigma_{qa}$ ：コンクリートの支圧強度　${}_c\sigma_{qa} = 0.5\sqrt{F_c \times E_c}$ (N/mm^2)
　　　ただし $\sqrt{F_c \times E_c} \leqq 900$ N/mm^2 とする
${}_{sc}a$ ：スタッドボルトの軸部有効断面積 (mm^2)
F_c ：コンクリートの設計基準強度 (N/mm^2)
E_c ：コンクリートのヤング係数 (N/mm^2)

③ コンクリート躯体の側面コーン状破壊により決まる場合の短期許容せん断力(q_{a3})

$$q_{a3} = \phi_2 \times {}_c\sigma_t \times A_{qc} \qquad (式3.8)$$

ϕ_2 ：短期荷重用　$\phi_2 = 2/3$
${}_c\sigma_t$ ：コーン状破壊に対するコンクリートの引張強度　${}_c\sigma_t = 0.31\sqrt{F_c}$ (N/mm^2)
A_{qc} ：せん断力方向の側面におけるコーン状破壊面の有効投影面積 (mm^2)
　　　$A_{qc} = 0.5 \times \pi \times c^2$ 〔図3.2.3参照〕
c ：へりあき寸法 (mm)
　　　本指針では、側面コーン状破壊耐力のパラメータであるへりあき寸法(c)は、スタッドボルトから取付け躯体横筋までの距離（コンクリートのかぶり厚さを除いた寸法）とする。

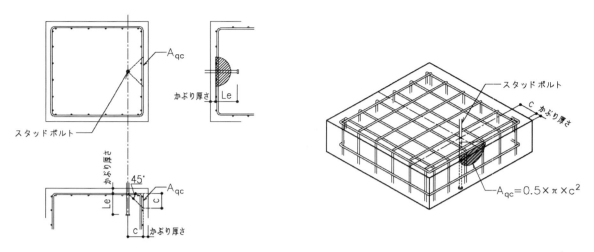

A_{qc}算定には、スタッドボルトから接合部横筋までの有効面積を用いる。

図 3.2.3 側面の有効投影面積(A_{qc})

④ 有効埋込み長さの検討

　有効埋込み長さ(L_e)の検討は、埋込み長さが浅い場合の破壊形式（プライアウト）の確認として行う。破壊形式としては、取付けプレート（ベースプレート）の回転変形と共に発生するため、ベースプレートが十分に剛強で回転拘束効果がある場合は、他の破壊形式（鋼材破壊、コンクリート破壊）となる。よって、ベースプレート中央部や、せん断負担時に軸力がある場合など十分に押さえ効果が見込まれる場合には、プライアウトの検討を省略してもよいこととする。ただし、ベースプレート全面に引張が働く場合、プレート端のスタッドボルト、ベースプレート厚さが薄く押さえ効果が期待できない場合は本検討を行う。

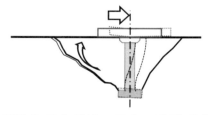

図 3.2.4 埋込み長さが浅い場合の破壊形式（プライアウト）

　短期許容せん断力を確保するためのスタッドボルトの有効埋込み長さ(L_e)の確認として、コンクリート躯体のコーン状破壊により決まる許容引張力($_c\sigma_t \times A_c$)とスタッドボルトの許容引張力($_s\sigma_{pa} \times {_{sc}}a$)との関係が（式3.9）を満足することを確認する。

$$_s\sigma_{pa} \times {_{sc}}a \leq {_c\sigma_t} \times A_c \qquad \text{(式 3.9)}$$

(2) アンカーボルトの許容耐力

アンカーボルトの有効長さが後述する図 3.2.7 の形状を確保できている場合の算定式を示す。有効長さが確保できない場合は、(3)突起付きボルトの許容耐力により確認すること。

1) 短期許容引張力 P_a の算定

$$P_a = \min(P_{a1},\ P_{a2},\ P_{a3}) \quad (式\ 3.10)$$

① アンカーボルト軸部の降伏により決まる場合の短期許容引張力(P_{a1})

$$P_{a1} = \phi_1 \times {}_s\sigma_{pa} \times {}_sca \quad (式\ 3.11)$$

- ϕ_1 : 短期荷重用　$\phi_1 = 1.0$
- ${}_s\sigma_{pa}$: アンカーボルトの引張強度　${}_s\sigma_{pa} = {}_s\sigma_y$ (N/mm^2)
- ${}_s\sigma_y$: アンカーボルトの規格降伏点強度 (N/mm^2)
- ${}_sca$: アンカーボルトの軸部有効断面積 (mm^2)
  ($= a_{e3}$)

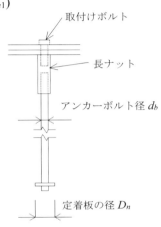

長ナット部の軸耐力が、アンカーボルトの軸耐力以上であることを確認する。

$$P_{a1} \leqq \phi_1 \times \sigma_y \times a_{e2} \quad (式\ 3.12)$$

- σ_y : 長ナットの規格降伏点強度 (N/mm^2)
- a_{e2} : 長ナットの有効断面積 (mm^2)
  $$a_{e2} = \pi \times (d_n^2 - d_w^2)/4$$
- d_n : 長ナットの外径（軸部径） (mm)
- d_w : 長ナットの内径 (mm)

図 3.2.5 アンカーボルト図

② コンクリート躯体のコーン状破壊により決まる場合の短期許容引張力(P_{a2})

$$P_{a2} = \phi_2 \times {}_c\sigma_t \times A_c \quad (式\ 3.13)$$

- ϕ_2 : 短期荷重用　$\phi_2 = 2/3$
- ${}_c\sigma_t$: コーン状破壊に対するコンクリートの引張強度
  $${}_c\sigma_t = 0.31\sqrt{F_c}\ (\text{N/mm}^2)$$
- F_c : コンクリートの設計基準強度 (N/mm^2)
- A_c : コーン状破壊面の有効水平投影面積 (mm^2)
  $$A_c = \pi \times L_e \times (L_e + D_n) - S$$
- S : 投影面の重なり面積　$S = r_n^2 \times (\theta - \sin\theta)$ (mm^2)
  $r_n = L_e + D_n/2$　$\theta = 2\cos^{-1}(d_{min}/2/r_n)$
  ただし $d_{min} \geqq 2L_e + D_n$ のとき $S = 0$
- L_e : アンカーボルトの有効長さ (mm)
  （定着板から接合部横筋までの長さ）
- D_n : 定着板の径 (mm)
- d_b : アンカーボルトの軸部径 (mm)
- d_{min} : アンカーボルト間距離 (mm)

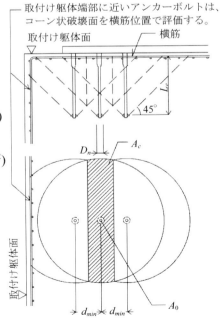

図 3.2.6 コーン状破壊模式図

③ 定着板の支圧により決まる場合の短期許容引張力(P_{a3})

$$P_{a3} = \phi_1 \times \alpha_1 \times A_0 \times \sigma_y \tag{式 3.14}$$

  ϕ_1 ：短期荷重用 $\phi_1 = 1.0$
  α_1 ：$\alpha_1 = t_n^2 / \{(2D_n/d_b + 1) \times (D_n - d_b)^2 / 4\}$
  A_0 ：定着板の支圧面積 $A_0 = \pi \times (D_n^2 - d_b^2)/4$ (mm^2)
  t_n ：定着板の厚さ (mm)
  D_n ：定着板の径 (mm)
  d_b ：アンカーボルトの軸部径 (mm)
  σ_y ：定着板の規格降伏点強度 (N/mm^2)

④ アンカーボルト頭部支圧応力度の算定

 アンカーボルトの許容引張力時の頭部支圧応力度に対して、コンクリートの短期許容支圧応力度(f_n)の関係が（式3.15）を満足することを確認する。

$$P_a / A_o \leq f_n \tag{式 3.15}$$

  P_a ：アンカーボルトの短期許容引張力 (N)
  f_n ：コンクリートの短期許容支圧応力度 $f_n = \sqrt{A_c/A_0} \times F_c$ (N/mm^2)
   ただし、$\sqrt{A_c/A_0} \leq 6$ とする

2) 短期許容せん断力 q_a の算定

$$q_a = \min(q_{a1},\ q_{a2},\ q_{a3}) \tag{式 3.16}$$

① アンカーボルトのせん断降伏強度により決まる場合の短期許容せん断力(q_{a1})

$$q_{a1} = \phi_1 \times {}_s\sigma_{qa} \times {}_{sc}a \tag{式 3.17}$$

  ϕ_1 ：短期荷重用 $\phi_1 = 1.0$
  ${}_s\sigma_{qa}$ ：アンカーボルトのせん断強度 ${}_s\sigma_{qa} = 0.7 \times {}_s\sigma_y$ (N/mm^2)
  ${}_s\sigma_y$ ：アンカーボルトの規格降伏点強度 (N/mm^2)
  ${}_{sc}a$ ：アンカーボルトの軸部有効断面積 (mm^2)
  ($=a_{e3}$)

 長ナット部のせん断耐力が、アンカーボルトのせん断耐力以上であることを確認する。

$$q_{a1} \leq \phi_1 \times {}_s\sigma_{qa} \times a_{e2} \tag{式 3.18}$$

  ${}_s\sigma_{qa}$ ：長ナットのせん断強度 ${}_s\sigma_{qa} = 0.7 \times {}_s\sigma_y$ (N/mm^2)
  ${}_s\sigma_y$ ：長ナットの規格降伏点強度 (N/mm^2)
  a_{e2} ：長ナットの有効断面積 (mm^2)
   $a_{e2} = \pi \times (d_n^2 - d_w^2)/4$
  d_n ：長ナットの外径（軸部径）(mm)
  d_w ：長ナットの内径 (mm)

② コンクリート躯体の支圧強度により決まる場合の短期許容せん断力(q_{a2})

$$q_{a2} = \phi_2 \times {}_c\sigma_{qa} \times {}_{sc}a \qquad \text{(式 3.19)}$$

  ϕ_2 ：短期荷重用 $\phi_2 = 2/3$

  ${}_c\sigma_{qa}$ ：コンクリートの支圧強度

    ${}_c\sigma_{qa} = 0.5\sqrt{F_c \times E_c}$ (N/mm²)

    ただし$\sqrt{F_c \times E_c} \leqq 900$ N/mm² とする

  ${}_{sc}a$ ：アンカーボルトの軸部有効断面積 (mm²)

  F_c ：コンクリートの設計基準強度 (N/mm²)

  E_c ：コンクリートのヤング係数 (N/mm²)

③ コンクリート躯体の側面コーン状破壊により決まる場合の短期許容せん断力(q_{a3})

$$q_{a3} = \phi_2 \times {}_c\sigma_t \times A_{qc} \qquad \text{(式 3.20)}$$

  ϕ_2 ：短期荷重用 $\phi_2 = 2/3$

  ${}_c\sigma_t$ ：コーン状破壊に対するコンクリートの引張強度

    ${}_c\sigma_t = 0.31\sqrt{F_c}$ (N/mm²)

  A_{qc} ：せん断力方向の側面におけるコーン状破壊面の有効投影面積 (mm²)

    $A_{qc} = 0.5 \times \pi \times c^2$ 〔図 3.2.3 参照〕

  c ：へりあき寸法 (mm)

    本指針では、側面コーン状破壊耐力のパラメータであるへりあき寸法(c)は、アンカーボルトから取付け躯体横筋までの距離（コンクリートのかぶり厚さを除いた寸法）とする。

(3) 突起付きボルトの許容耐力

「各種合成指針」では頭付きアンカーボルトの呼び径を 9mm 以上 25mm 以下としているが、突起付きボルト（長ナット）の軸径は、これを上回るものがほとんどである。

本項で示す許容耐力は、スタッドボルトと同様の考え方で計算した例を示している。そのため、突起部の径（以降「頭部径」）(D_n)を軸部径(d_b)より十分な大きさ（$D_n \geqq 2.5d_b$）を確保し、軸部をシアキーとしてコンクリートのせん断伝達機構 [3-1) 3-2)] を考慮した形状とする。

頭部径(D_n)が長ナットの軸部径(d_n)より小さい場合($D_n \leqq d_n$)は、抜け出し破壊を防ぐため、長ナットの軸部有効長さ(h_b)を頭径部の出寸法(D_a)の 8 倍以上の確保が望ましい。なお、$D_n \geqq 2.5d_b$ の関係より $h_b \geqq 8D_a \geqq 6d_b$ となる。

頭部径(D_n)が長ナットの軸部径(d_n)より大きな場合（$D_n > d_n$）であっても、$h_b \geqq 3.5 d_b$ の確保が望ましい。[3-3)]〔図 3.2.7 参照〕

突起部形状としては、突起付きボルトを想定しているが、ナットや定着板を用いる場合は、ねじ部の軸部（有効断面積）の引張耐力や突起部の支圧耐力について確認する。

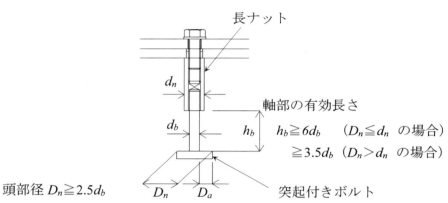

図 3.2.7 突起部先端および、軸部の形状

1) 短期許容引張力 P_a の算定

$$P_a = \min(P_{a1}, P_{a2}, P_{a3})　　　　　　　　　　　　　　　　　　　　　（式 3.21）$$

① 突起付きボルト軸部の降伏により決まる場合の短期許容引張力(P_{a1})

$$P_{a1} = \phi_1 \times {}_s\sigma_y \times {}_{sc}a　　　　　　　　　　　　　　　　　　　　　　（式 3.22）$$

- ϕ_1 ：短期荷重用　$\phi_1 = 1.0$
- ${}_s\sigma_y$ ：突起付きボルトの規格降伏点強度 (N/mm^2)
- ${}_{sc}a$ ：ボルトの軸部有効断面積 (mm^2)

$${}_{sc}a = \min[\pi \times (d_n^2 - d_w^2)/4,\quad \pi \times d_b^2/4]^*$$

  *長ナットと突起付きボルトの材質が異なる場合は、それぞれの軸部の降伏耐力 P_a を算定し、最小値を採用する。

- d_n ：長ナットの外径 (mm)
- d_w ：長ナットの内径 (mm)
- d_b ：突起付きボルト軸部径 (mm)

② コンクリート躯体のコーン状破壊により決まる場合の短期許容引張力(P_{a2})

$$P_{a2} = \phi_2 \times {}_c\sigma_t \times A_c　　　　　　　　　　　　　　　　　　　　　（式 3.23）$$

- ϕ_2 ：短期荷重用　$\phi_2 = 2/3$
- ${}_c\sigma_t$ ：コーン状破壊に対するコンクリートの引張強度　${}_c\sigma_t = 0.31\sqrt{F_c}$ (N/mm^2)
- F_c ：コンクリートの設計基準強度 (N/mm^2)
- A_c ：コーン状破壊面の有効水平投影面積 (mm^2)　$A_c = \pi \times L_e \times (L_e + D_n) - S$
- L_e ：長ナットと突起付きボルトの有効長さ (mm)
  （頭部から接合部横筋までの長さ）
- S ：投影面の重なり面積　$S = r_n^2 \times (\theta - \sin\theta)$ (mm^2)
  $r_n = L_e + D_n/2$　$\theta = 2\cos^{-1}(d_{min}/2/r_n)$　ただし $d_{min} \geq 2L_e + D_n$ のとき $S = 0$
- D_n ：頭部の径 (mm)
- d_{min} ：突起付きボルト間距離 (mm)

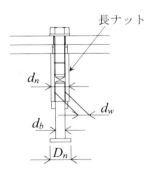

図 3.2.8 突起付きボルト

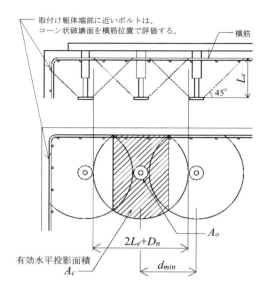

図 3.2.9 コーン状破壊模式図

③ 突起付きボルト頭部の支圧により決まる場合の短期許容引張力(P_{a3})

$P_{a3} = \phi_1 \times \alpha_1 \times A_0 \times {}_s\sigma_y$ （式 3.24）

ϕ_1 ：短期荷重用 $\phi_1 = 1.0$

α_1 ：$\alpha_1 = t_n^2 / \{(2D_n/d_b + 1) \times (D_n - d_b)^2/4\}$

A_0 ：突起部の支圧面積 (mm^2)

$A_0 = \pi \times (D_n^2 - d_b^2)/4$

t_n ：突起部の板厚 (mm)

D_n ：頭部の径 (mm)

d_n ：長ナットの軸部径 (mm)

d_b ：突起付きボルト軸部径 (mm)

${}_s\sigma_y$ ：突起付きボルト頭部の規格降伏点強度 (N/mm^2)

④ 突起付きボルト頭部支圧応力度の算定

突起付きボルトの許容引張力時の頭部支圧応力度に対して、コンクリートの短期許容支圧応力度(f_n)の関係が（式 3.25）を満足することを確認する。

$P_a/A_o \leqq f_n$ （式 3.25）

P_a ：突起付きボルトの短期許容引張力 (N)

f_n ：コンクリートの短期許容支圧応力度 $f_n = \sqrt{A_c/A_0} \times F_c$ (N/mm^2)

ただし、$\sqrt{A_c/A_0} \leqq 6$ とする

2) 短期許容せん断力 q_a の算定
$$q_a = \min(q_{a1}, q_{a2}, q_{a3}) \tag{式 3.26}$$

① 突起付きボルトおよび長ナットのせん断降伏強度により決まる場合の
短期許容せん断力(q_{a1})

$$q_{a1} = \phi_1 \times {_s\sigma_{qa}} \times {_{sc}a} \tag{式 3.27}$$

 ϕ_1：短期荷重用 $\phi_1 = 1.0$
 ${_s\sigma_{qa}}$：突起付きボルトのせん断強度 ${_s\sigma_{qa}} = 0.7 \times {_s\sigma_y}$ (N/mm²)
 ${_s\sigma_y}$：突起付きボルトの規格降伏点強度 (N/mm²)
 ${_{sc}a}$：軸部の有効断面積 (mm²)
  ${_{sc}a} = \min[\pi \times (d_n^2 - d_w^2)/4,\ \pi \times d_b^2/4]$ *

   ＊長ナットと突起付きボルトの材質が異なる場合はそれぞれの軸部の降伏耐力(q_{a1})を算定し、最小値を採用する。

 d_n：長ナットの外径 (mm)
 d_w：長ナットの内径 (mm)
 d_b：突起付きボルト軸部径 (mm)

② コンクリート躯体の支圧強度により決まる場合の短期許容せん断力(q_{a2})

$$q_{a2} = \phi_2 \times {_c\sigma_{qa}} \times {_{sc}a} \tag{式 3.28}$$

 ϕ_2：短期荷重用 $\phi_2 = 2/3$
 ${_c\sigma_{qa}}$：コンクリートの支圧強度
  ${_c\sigma_{qa}} = 0.5\sqrt{F_c \times E_c}$ (N/mm²)
  ただし $\sqrt{F_c \times E_c} \leqq 900$ N/mm² とする
 ${_{sc}a}$：突起付きボルトの軸部有効断面積 (mm²)
   コンクリート支圧強度より決まる場合のせん断耐力算出用の断面積で、最小外径の断面積（突起付きボルト軸部）を採用。

③ コンクリート躯体の側面コーン状破壊により決まる場合の短期許容せん断力(q_{a3})

$$q_{a3} = \phi_2 \times {_c\sigma_t} \times A_{qc} \tag{式 3.29}$$

 ϕ_2：短期荷重用 $\phi_2 = 2/3$
 ${_c\sigma_t}$：コーン状破壊に対するコンクリートの引張強度 ${_c\sigma_t} = 0.31\sqrt{F_c}$ (N/mm²)
 A_{qc}：せん断力方向の側面におけるコーン状破壊面の有効投影面積 (mm²)
  $A_{qc} = 0.5 \times \pi \times c^2$ 〔図 3.2.3 参照〕
 c：へりあき寸法 (mm)
   本指針では、側面コーン状破壊耐力のパラメータであるへりあき寸法(c)は、突起付きボルトから取付け躯体横筋までの距離（コンクリートのかぶり厚さを除いた寸法）とする。

(4) 組み合わせ応力
　1) 各種アンカーボルト
　前項で示した各種アンカーボルトに引張力とせん断力を同時に作用させる場合には、その組み合わせ効果を考慮する。各種合成指針により（式3.30）に α=1.0 として算定する。

$$(p/p_a)^\alpha + (q/q_a)^\alpha \leq 1.0 \tag{式3.30}$$

　　ここに、α ：組み合わせに対する係数（α=1.0）
　　　　　　p ：引張耐力
　　　　　　q ：せん断耐力
　　　　　　p_a ：せん断力がかからない場合の引張耐力
　　　　　　q_a ：引張力がかからない場合のせん断耐力

　4章の計算例では、アンカーボルト1本あたりの設計引張力(T_{bD})、設計せん断力(Q_{bD})の組み合わせ応力に対して（式3.31）により評価する。

$$(T_{bD}/P_a)^\alpha + (Q_{bD}/q_a)^\alpha \leq 1.0 \tag{式3.31}$$

　　ここに、α ：組み合わせに対する係数（α=1.0）
　　　　　　T_{bD} ：アンカーボルトの1本あたりの設計引張力（kN/本）
　　　　　　Q_{bD} ：アンカーボルトの1本あたりの設計せん断力（kN/本）
　　　　　　P_a ：アンカーボルトの1本あたりの短期許容引張力（kN/本）
　　　　　　q_a ：アンカーボルトの1本あたりの短期許容せん断力（kN/本）

　2) 取付けボルト
　取付けボルトについては、S規準5章「5.5　組合せ応力度が生じる部分の許容応力度」[*3-4]で示される（式3.32）により、垂直応力度を引張応力度としてせん断応力度の組み合わせ応力度として評価する。

$$f_t^2 \geq \sigma_x^2 + \sigma_y^2 - \sigma_x \sigma_y + 3\tau_{xy}^2 \tag{式3.32}$$

　　ここに、f_t ：ボルトの短期許容引張応力度
　　　　　　σ_x, σ_y ：互いに直交する垂直応力度
　　　　　　τ_{xy} ：σ_x, σ_y の作用する面内のせん断応力度

　4章の計算例では、取付けボルト1本あたりの設計引張力(T_{bD})、設計せん断力(Q_{bD})の組み合わせ応力に対して（式3.32）より展開される（式3.33）により評価する。

$$\sqrt{(T_{bD}/T_a)^2 + (Q_{bD}/q_a)^2} \leq 1.0 \tag{式3.33}$$

　　ここに、T_{bD} ：取付けボルトの1本あたりの設計引張力（kN/本）
　　　　　　Q_{bD} ：取付けボルトの1本あたりの設計せん断力（kN/本）
　　　　　　T_a ：取付けボルトの1本あたりの短期許容引張力（kN/本）
　　　　　　q_a ：取付けボルトの1本あたりの短期許容せん断力（kN/本）

参考文献

*3-1)：黒正清治「プレカストコンクリート構造接合部耐力に関する研究」日本建築学会論文報告集第 89 号　昭和 38 年 9 月

*3-2)：奥本、松崎他「プレキャスト部材接合面におけるせん断伝達に関する実験研究（その 8）-シアキーの直接せん断実験」日本建築学会学術講演梗概集　1996 年 9 月

*3-3)：日本建築センター「建築新技術レポート　性能評価・評定／審査証明　2000.6-2009.3」　2010 年 6 月

*3-4)：日本建築学会「鋼構造許容応力度設計規準」　2019

4. 接合部の設計

4.1 アイソレータ
(1) 接合部の設計

アイソレータは、図 4.1.1 に示すように大きくは積層ゴム、すべり、転がりに分けることができ、建物重量を長期間支持し地震時には大きな水平変形に対して安定した挙動を発揮することが求められているため、アイソレータを建物に接合する接合部・取付け躯体は、アイソレータの性能を十分に発揮できるように、それぞれのアイソレータの機能や特性に応じた構造とする必要がある。

現在アイソレータは、積層ゴムアイソレータが最も多く用いられており、躯体への取り付けは、一般的に積層ゴムアイソレータのフランジを取付けボルトにより固定する方法が用いられている。本指針では、一般的に多用されている積層ゴムアイソレータを取付けボルトにより固定する接合部について、上部構造による引張軸力が作用する場合としない場合に区分し、それぞれの場合に接合部に生じる応力を建物躯体に確実に伝達できるように各取付け方法の考え方、注意事項や設計方法を例示している。

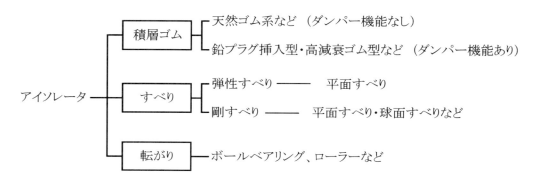

図 4.1.1 アイソレータの分類

1) 積層ゴムアイソレータ接合部に作用する外力

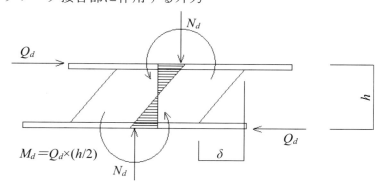

図 4.1.2 積層ゴムアイソレータの水平変形時外力

積層ゴムアイソレータの接合部に作用する外力は、極めて稀に発生する地震動に対する積層ゴムアイソレータの水平変形による設計用せん断力(Q_d)、せん断力による設計用曲げモーメント(M_d)および上部構造の設計用軸力(N_d)とする。

積層ゴムでは、有限要素解析（FEM）による研究などにより、水平変形時の軸力によるP-⊿効果は、積層ゴム内部の圧力分布が水平変形に応じて変化することでP-⊿効果自体を打ち消すことが確認されている[4-1]。このため、接合部の設計にはP-⊿効果による付加曲げモーメントは考慮しない。ただし、引張軸力が作用する場合では、実大積層ゴムアイソレータの加力実験結果を踏まえて、P-⊿効果による付加曲げモーメントを考慮した検討を行う。また、積層ゴムアイソレータが取り付けられる躯体では、P-⊿効果による付加曲げモーメントを考慮する必要がある。

接合部ならびに躯体に生じる付加曲げモーメント算出の際の反曲点高さは、免震部材高さの中央位置（$h/2$）としている。これは、免震部材周りの構造躯体と比較し相対的に積層ゴムの回転剛性は小さいとの評価に起因するものである。また、積層ゴムの回転剛性は、せん断歪の増加に応じ著しく低下することが既往の実験[4-2]より確認されている。このため、一般的な構造躯体の免震建物であれば上記仮定で問題ないとしている[4-3]。

① 設計用せん断力(Q_d)

積層ゴムアイソレータの水平性能は、特性変動（製品のばらつき、温度依存性、経年変化等）を考慮する。また、設計せん断ひずみの大きさによっては、積層ゴムアイソレータのハードニングによる剛性の増大を考慮する。

$$Q_d = C_{v1} \times C_{v2} \times K_{eq} \times (\gamma \times h_r) \qquad \text{（式 4.1）}$$

　　K_{eq} ：積層ゴムアイソレータの等価剛性
　　γ ：設計せん断ひずみ
　　C_{v1} ：特性変動による割増係数
　　C_{v2} ：積層ゴムのハードニングを考慮した割増係数
　　h_r ：積層ゴムアイソレータのゴム総厚

② 設計用曲げモーメント(M_d)

引張軸力が作用しない場合

$$M_d = Q_d \times (h/2) \qquad \text{（式 4.2）}$$

引張軸力が作用する場合

$$M_d = Q_d \times (h/2) + N_d \times (\delta/2) \qquad \text{（式 4.3）}$$

　　h ：積層ゴムアイソレータの高さ
　　δ ：設計水平変形

③ 設計用軸力(N_d)

接合部に作用する上部構造による軸力は、長期軸力に水平地震動による軸力と上下地震動による軸力の和を加えた値とする。ただし、積層ゴムアイソレータに引張軸力が作用しない場合は、軸力を0（$N_d = 0$）として設計する。

$$N_d = N_L + (N_{E1} + N_{E2}) \qquad \text{（式 4.4）}$$

　　N_L ：長期軸力
　　N_{E1} ：水平地震動により接合部に作用する軸力
　　N_{E2} ：上下地震動により接合部に作用する軸力

2) 積層ゴムアイソレータ接合部の設計方針

積層ゴムアイソレータを取付け躯体に各種ボルトで固定する場合は、引張側応力をスタッドボルト、アンカーボルト、突起付きボルト等各種アンカーボルトにより、圧縮側応力はコンクリートにより確実に伝達するものとし、各部に作用する応力は短期許容応力以内となるように設計する。

積層ゴムアイソレータの取付け躯体への接合方法は、引張軸力が作用するアイソレータと作用しないアイソレータで区分し、それぞれの接合部に作用する応力状態を適切に評価した設計を行う。また、本指針では、スタッドボルトを併用する場合、ベースプレートはフランジプレート同等以上の耐力を有し、曲げモーメントの伝達に支障の無いものとする。

① 引張軸力が作用しないアイソレータの場合

袋ナットとスタッドボルトを併用して設けることなど、せん断力と曲げモーメントによる引張力を躯体に確実に伝達する接合方法とする。また、設計用軸力(N_d)を0として設計を行い、ナットやボルト長さ、突起部の大きさは十分な余裕を確保する。圧縮側においても、ベースプレートと取付け躯体のへりあき寸法に余裕を確保し、応力を確実に伝達する。a)からd)に各取り付け方法の考え方を示し、次頁の図4.1.3に図示する。

a) スタッドボルト

せん断力、曲げモーメントをスタッドボルトで負担とする。

b) スタッドボルト、突起付き袋ナット併用

せん断力を突起付き袋ナットで負担とし、曲げモーメントをスタッドボルトで負担とする。

c) スタッドボルト、突起付きボルト併用

せん断力をスタッドボルトで負担とし、曲げモーメントを突起付きボルトで負担とする。但し、突起付きボルトで、せん断力および曲げモーメントの組合せに対して十分な余裕を確保できる場合は、スタッドボルトは設けなくても良い。

d) （参考）突起付き袋ナット

せん断力を突起付き袋ナットで負担とする。弾性すべり支承などボルトに引張りが生じない接合部での使用を推奨する。一般的に、突起付き袋ナットは太径であり、コンクリートのコーン状破壊による引張耐力が一般式の適用範囲を逸脱するため、曲げモーメントによる引張力が生じる場合には、スタッドボルトの併用を推奨する。

なお、一般的な取り付け方法として推奨しないが、特別な事例として定着板付き鉄筋を袋ナット周辺の補強筋として配置することで引張耐力が期待できることが報告されている[4-4]。ただし、突起付き袋ナット1本に対しバランスよく十分な長さの定着板付き鉄筋を3本以上配置するなど、設計・施工には十分な配慮が必要である。

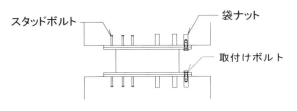
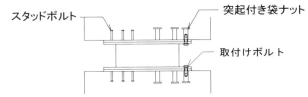

a) スタッドボルト　　　　　　　b) スタッドボルト、突起付き袋ナット併用

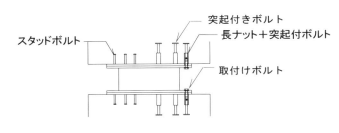
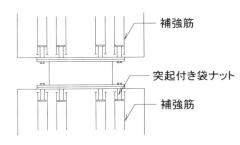

c) スタッドボルト、突起付きボルト併用　　d)（参考）突起付き袋ナット＋補強筋

図 4.1.3 引張軸力が作用しない積層ゴムアイソレータの取付け方法の例

② 引張軸力が作用するアイソレータの場合

接合部に作用する引張軸力を躯体に伝達するため、アンカーボルト、定着板を設けるなど耐力に十分余裕を持った接合方法とする。取り付け方法の考え方を、図 4.1.4 に図示する。

a) アンカーボルト、スタッドボルト併用

引張軸力、曲げモーメントによる引張力は、アンカーボルトで負担とし、せん断力はスタッドボルトで負担とする。ただし、アンカーボルトでせん断力および曲げモーメントの組合せに対して十分な余裕を確保できる場合は、スタッドボルトは設けなくても良い。また、突起付きボルトで十分な耐力を確保できる場合は、アンカーボルトを突起付きボルトに置き換えてもよい。

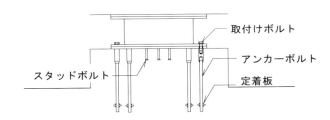

図 4.1.4 引張軸力が作用する積層ゴムアイソレータの取付け方法の例
（アンカーボルト、スタッドボルトの併用）

③ 積層ゴムアイソレータの取付けボルトに作用する引張軸力の算出

積層ゴムアイソレータを取付け躯体に各種ボルトで固定する場合、ボルトに作用する引張軸力の算出は、フランジプレートの剛性を高めることで、平面保持による方法とすることができる。

引張軸力が作用する積層ゴムアイソレータの場合には、引張力の大きさやフランジプレートの剛性に応じて、てこ反力が生じるため、その効果による係数を乗じて設計用引張力とする。そのためフランジプレートの剛性が小さい場合、平面保持による方法での算出条件の設定によっては、過小評価となるので注意が必要である。

④ 積層ゴムアイソレータ直下の支圧応力度の確認

水平変形が生じた状態の積層ゴムアイソレータが圧縮軸力を受ける際、積層ゴムアイソレータ直下には軸力が直接伝達されるために局所的に大きな支圧応力が発生する。この影響を評価するために、上記の平面保持仮定による確認とは別に、圧縮軸力を支圧面積で除した支圧応力度が取付け躯体コンクリートの許容支圧応力度以下となっていることを確認する。図 4.1.5、図 4.1.6 に示す支圧面積 (A_1) は、積層ゴムが水平変形した場合に積層ゴム最上端と最下端の水平投影面積が重複する面積からフランジ厚さとベースプレート厚さの合計分を拡大した面積とする。

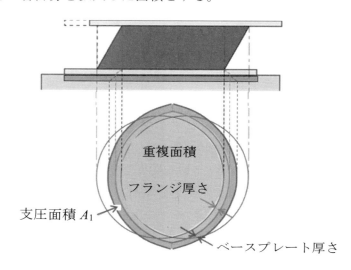

図 4.1.5 支圧面積(A_1)

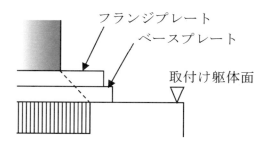

図 4.1.6 支圧面積の取り方

(2) 積層ゴムアイソレータ接合部の設計

1) 引張軸力が作用しない積層ゴムアイソレータの場合
スタッドボルト、突起付きボルトを併用する接合部の設計
- せん断力をスタッドボルトで負担し、曲げモーメントによる引張力を突起付ボルトで負担するとして設計する。
- 取付けボルトの検討は、上部構造により接合部に作用する軸力(N_d)を考慮しない。
- 積層ゴムアイソレータ直下の支圧応力度は、取付け躯体コンクリートの許容支圧応力度以下とする。
- 極めて稀に発生する地震動に対して、接合部に作用する応力は短期許容応力以内とする。
- ベースプレート厚さはフランジプレート厚さと同程度とする。

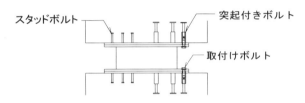

図 4.1.7 スタッドボルト、突起付きボルトを併用する接合部

① 設計用せん断力(Q_d)の設定
- 積層ゴムアイソレータの設計せん断変形を建物の要求性能に応じて設定する。
- 設計せん断変形の大きさによってはハードニングを考慮し、水平剛性を割増しする。
- 特性変動を考慮し、水平剛性を割増しする。

② 設計用応力の設定
a) 取付けボルトに作用する引張力算定用

$N_d = 0$
$M_d = Q_d \times (h/2)$ (式 4.5)

b) フランジプレート、取付け躯体に作用する圧縮力算定用

$N_d = N_L + (N_{E1} + N_{E2})$ (式 4.6)
$M_d = Q_d \times (h/2) + N_d \times (\delta/2)$ (式 4.7)
$0 \leq x_n \leq R_f$

x_n : 設計用軸力時における中立軸
R_f : フランジプレートの外径
N_{E1} : 水平地震動により接合部に作用する軸力の大きさ
N_{E2} : 上下地震動により接合部に作用する軸力の大きさ

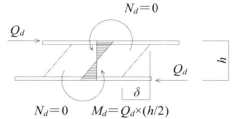
$N_d=0$　　$M_d=Q_d×(h/2)$
取付けボルト算定用設計応力算定

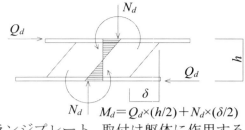
$M_d=Q_d×(h/2)+N_d×(δ/2)$
フランジプレート、取付け躯体に作用する圧縮力算定用

図 4.1.8　積層ゴムアイソレータの水平変形時外力

③ 取付けボルト、フランジプレートおよび取付け躯体に作用する応力度の算出
　　・平面保持の方法により、取付けボルトがフランジプレート内に等分布している円形断面柱として、軸力と曲げモーメントの釣合い条件から算出する。
　　・ヤング係数比($n_E=\phi_E×(E_s/E_c)$、E_s：鋼材のヤング係数、E_c：コンクリートのヤング係数)は、コンクリート設計基準強度に応じたコンクリートのヤング係数から求める。

a) 取付けボルトに作用する引張力の算出（$N_d=0$）
 i) 中立軸が断面内にある場合（$0≤x_n≤R_f$）　〔図 4.1.9 参照〕

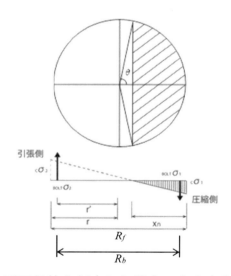

図 4.1.9　平面保持を仮定した場合の応力度分布（$0≤x_n≤R_f$）

設計用軸力時における中立軸(x_n)
$$x_n=r×(1-cosθ) \qquad (式 4.8)$$
　　r：フランジプレート半径

設計用軸力時における中立軸周りの断面二次モーメント(I_n)
$$I_n=r^4×\left\{θ\left(\frac{1}{4}+cos^2θ\right)-sinθcosθ\left(\frac{13}{12}+\frac{1}{6}cos^2θ\right)\right\}+n_E×r^2×a_g×\left\{\frac{1}{2}\left(\frac{r'}{r}\right)^2+cos^2θ\right\} \quad (式 4.9)$$
　　r'：ボルト孔中心半径　　$r'=R_b/2$
　　a_g：取付けボルトの全軸部断面積

設計用軸力時における中立軸周りの断面一次モーメント(S_n)

$$S_n = r^3 \times \left\{\frac{sin\theta}{3}(2+cos^2\theta) - \theta cos\theta\right\} - n_E \times r \times a_g \times cos\theta \qquad (式4.10)$$

コンクリートの縁圧縮応力度 $_c\sigma_1, _c\sigma_2$ （圧縮を正）

$$_c\sigma_1 = \frac{x_n \times M_d}{I_n} \quad , \quad _c\sigma_2 = \frac{(x_n - R_f) \times M_d}{I_n} \qquad (式4.11)$$

取付けボルトの応力度 $_{BOLT}\sigma_1, _{BOLT}\sigma_2$ （圧縮を正）

$$_{BOLT}\sigma_1 = \frac{n_E \times (x_n - d_c) \times M_d}{I_n} \quad , \quad _{BOLT}\sigma_2 = \frac{n_E \times (x_n + d_t - R_f) \times M_d}{I_n} \qquad (式4.12)$$

d_c：取付けボルト縁端距離（圧縮側）
d_t：取付けボルト縁端距離（引張側）
R_f：フランジプレート外径

中立軸が断面内にある場合（$0 \leq x_n \leq R_f$）には、$S_n = 0$ となるように θ を変数とした収斂計算を行い、x_n を定める。

b) フランジプレートおよび取付け躯体に作用する圧縮力の算出（$N_d \neq 0$）
 i) 中立軸が断面内にある場合（$0 \leq x_n \leq R_f$）〔図4.1.9参照〕

設計用軸力時における中立軸(x_n)

$$x_n = r \times (1 - cos\theta) = \frac{I_n}{S_n} + \frac{R_f}{2} - e \qquad (式4.13)$$

e：曲げモーメントと軸力から算定される偏心距離

設計用軸力時における中立軸周りの断面二次モーメント(I_n)

$$I_n = r^4 \times \left\{\theta\left(\frac{1}{4} + cos^2\theta\right) - sin\theta cos\theta\left(\frac{13}{12} + \frac{1}{6}cos^2\theta\right)\right\} + n_E \times r^2 \times a_g \times \left\{\frac{1}{2}\left(\frac{r'}{r}\right)^2 + cos^2\theta\right\} \qquad (式4.14)$$

設計用軸力時における中立軸周りの断面一次モーメント(S_n)

$$S_n = r^3 \times \left\{\frac{sin\theta}{3}(2+cos^2\theta) - \theta cos\theta\right\} - n_E \times r \times a_g \times cos\theta \qquad (式4.15)$$

コンクリートの縁圧縮応力度($_c\sigma_1, _c\sigma_2$)（圧縮を正）

$$_c\sigma_1 = \frac{x_n \times N_d}{S_n} \quad , \quad _c\sigma_2 = \frac{(x_n - R_f) \times N_d}{S_n} \qquad (式4.16)$$

取付けボルトの応力度($_{BOLT}\sigma_1, _{BOLT}\sigma_2$)（圧縮を正）

$$_{BOLT}\sigma_1 = \frac{n_E \times (x_n - d_c) \times N_d}{S_n} \quad , \quad _{BOLT}\sigma_2 = \frac{n_E \times (x_n + d_t - R_f) \times N_d}{S_n} \qquad (式4.17)$$

中立軸が断面内にある場合（$0 \leq x_n \leq R_f$）には、（式4.13）〜（式4.15）から、θ を変数とした収斂計算を行い、x_n を定める。

ii) 中立軸が断面外にある場合（$R_f<x_n$）　〔図 4.1.10 参照〕

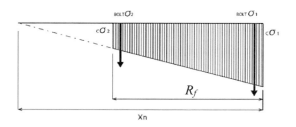

図 4.1.10 平面保持を仮定した場合の応力度分布（$R_f<x_n$）

設計用軸力時における中立軸(x_n)

$$x_n = \frac{I_n}{S_n} + \frac{R_f}{2} - e \qquad (式 4.18)$$

設計用軸力時における中立軸周りの断面二次モーメント(I_n)

$$I_n = A_e \times (x_n - r)^2 + \frac{\pi}{4} \times r^4 + n_E \times a_g \times \frac{1}{2}(r')^2 \qquad (式 4.19)$$

　　　A_e：フランジプレート上下面の圧縮部分の有効面積

設計用軸力時における中立軸周りの断面一次モーメント(S_n)

$$S_n = A_e \times (x_n - r) \qquad (式 4.20)$$

コンクリートの縁圧縮応力度($_c\sigma_1$, $_c\sigma_2$)（圧縮を正）

$$_c\sigma_1 = \frac{x_n \times N_d}{S_n} \quad , \quad _c\sigma_2 = \frac{(x_n - R_f) \times N_d}{S_n} \qquad (式 4.21)$$

取付けボルトの応力度($_{BOLT}\sigma_1$, $_{BOLT}\sigma_2$)（圧縮を正）

$$_{BOLT}\sigma_1 = \frac{n_E \times (x_n - d_c) \times N_d}{S_n} \quad , \quad _{BOLT}\sigma_2 = \frac{n_E \times (x_n + d_t - R_f) \times N_d}{S_n} \qquad (式 4.22)$$

中立軸が断面外にある場合（$R_f<x_n$）には、積層ゴムアイソレータに加わる曲げモーメントと軸力から偏心距離(e)を求めて、x_n を定める。

④ 取付けボルトの設計

　設計用せん断力(Q_d)が全取付けボルトに均等に作用するものとし、引張力とせん断力の組み合わせに対して次式で検定する。

$$\sqrt{(T_{bD}/T_a)^2 + (Q_{bD}/q_a)^2} \leq 1 \qquad (式 4.23)$$

　　　T_{bD}　：取付けボルトの設計引張力　　　　$T_{bD} = {_{BOLT}\sigma_2} \times a_{e1}$
　　　T_a　：取付けボルトの短期許容引張力　　$T_a = \sigma_{ta} \times a_{e1}$
　　　Q_{bD}　：取付けボルトの設計せん断力　　$Q_{bD} = Q_d/n_b$
　　　q_a　：取付けボルトの短期許容せん断力　$q_a = \tau_{ba} \times a_{e1}$
　　　n_b　：取付けボルト本数
　　　a_{e1}　：取付けボルトの有効断面積
　　　σ_{ta}　：取付けボルトの短期許容引張応力度
　　　τ_{ba}　：取付けボルトの短期許容せん断応力度

(参考)

取付けボルト埋込み長さ（螺合長）の推奨値

　取付けボルトの埋込み長さ（螺合長）は、ねじ有効径の1.5倍以上を推奨する。特に、フランジプレートが厚い場合や、袋ナットが非差込みタイプの場合には、首下が長くなるため、ボルトねじ部の埋込み長さに配慮すること。

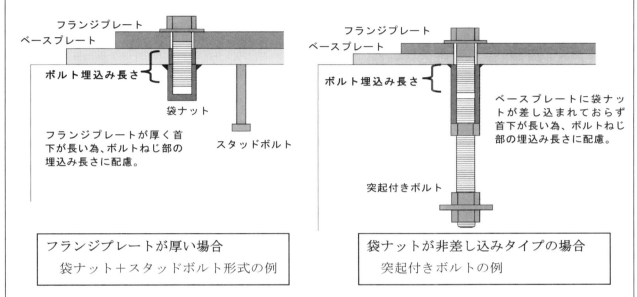

図 4.1.11　取付けボルト埋込み長さへの配慮

　積層ゴムアイソレータは、取付けボルトを外して交換できるように設計されている。このため、取付けボルト周りでは余力を持たせた設計をすることが望ましい。特にボルトの埋込み長さが短い場合や取付けボルトに大きな引張力が作用する場合などでは、ボルトねじ部で降伏することがないよう埋込み長さ（螺合長）に注意する必要がある。また、袋ナット自体も応力伝達可能な断面を確保する必要がある。ボルトの抜けだし耐力式を以下に参考として示す。

（参考）ボルト抜けだし耐力式について

$$P_{\text{ボルト抜けだし}} = 0.45 \times \pi \times d_2 \times L \times \sigma_y / \sqrt{3} \tag{式 4.24}$$

　　d_2 ：有効径（ねじ溝の幅がねじ山の幅に等しくなる仮想円筒直径）
　　L ：埋込み長さ（螺合長）
　　σ_y ：ボルトまたはナットの小さい方の規格降伏点強度

　上式の係数 0.45 は、最大せん断応力説により得られるねじ山強度に関わる係数 0.69 に安全率 1.5 を見込んだ値（0.69/1.5→0.45）である。

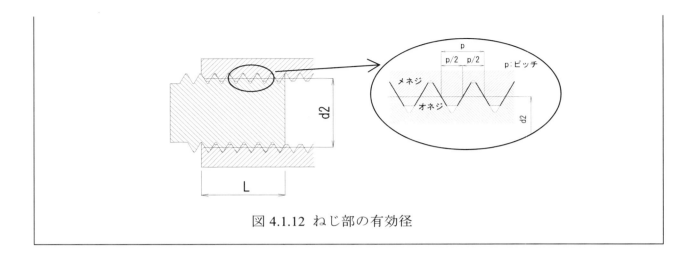

図 4.1.12 ねじ部の有効径

⑤ フランジプレートの設計
　a) 曲げ応力度(σ_f)

$\sigma_f \leqq \sigma_{fa}$ （式 4.25）

$\sigma_f = M_f/Z_f$ （式 4.26）

　　M_f：曲げ検討断面位置における曲げモーメント

　　　　$M_f = T_{max} \times X_b$

　　　　T_{max}：最大引張力　$T_{max} = \sigma_t \times a_b$

　　Z_f：曲げ検討断面位置における断面係数

　　　　$Z_f = 2X_b \times t_f^2/6$

　　X_b：ボルト孔中心と内部鋼板の外縁との距離

　　t_f：フランジプレート板厚

　　　　（フランジの板厚が中央と端部で異なる場合は最小値を用いる。）

　　σ_{fa}：フランジプレートの短期許容曲げ応力度

　b) 端抜けに対するせん断応力度の設計

$\tau_f \leqq \tau_{fa}$ （式 4.27）

$\tau_f = Q_b/\{2\times(d_e - \phi_b/2)\times t_f\}$ （式 4.28）

　　Q_b：取付けボルト 1 本あたりに作用する設計用せん断力

　　　　$Q_b = \tau \times a_b$

　　d_e：取付けボルトの縁端距離

　　　　$d_e = (R_f - R_b)/2$

　　R_b：ボルト孔中心間距離

　　ϕ_b：ボルト孔径

　　t_f：フランジプレート板厚

　　　　（フランジの板厚が中央と端部で異なる場合は最小値を用いる。）

　　τ_{fa}：フランジプレートの短期許容せん断応力度

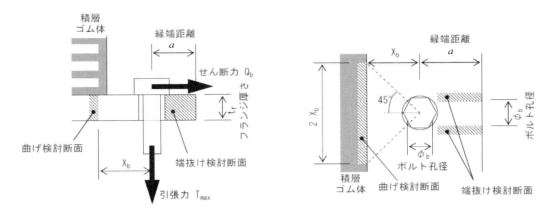

図 4.1.13 フランジプレートの検討

⑥ 突起付きボルトの引張力に対する設計
　突起付きボルトが取付けボルトと同数配置される場合、突起付きボルトに作用する引張力は取付けボルトに作用する引張力とする。
$$T_{max} \leq P_a \tag{式 4.29}$$
　　T_{max}：突起付きボルトに作用する最大引張力
　　P_a　：突起付きボルトの短期許容引張力

　突起付きボルトが取付けボルトよりも内側に配置される場合は、②の方法により突起付きボルトに作用する引張力を算出する必要がある。

⑦ スタッドボルトのせん断力に対する設計
$$Q_d \leq \Sigma q_a \tag{式 4.30}$$
　　q_a：スタッドボルトの短期許容せん断力

2) 引張軸力が作用する積層ゴムアイソレータの場合
　　アンカーボルト、スタッドボルト併用による接合部の設計

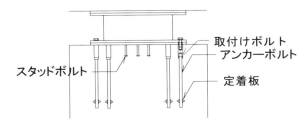

図 4.1.14 アンカーボルト、スタッドボルトを併用する接合部

・せん断力をスタッドボルトで負担し、引張軸力と曲げモーメントによる引張力をアンカーボルトで負担する。
・取付けボルトの検討および取付け躯体に作用する圧縮力の検討は、上部構造により接合部に作用する軸力(N_d)の P－⊿効果による付加曲げモーメントを考慮する。
・極めて稀に発生する地震動に対して、接合部に作用する応力は短期許容応力以内とする。
・ベースプレート厚さはフランジプレート厚さと同程度とする。

① 設計せん断力(Q_d)の設定
　　・積層ゴムアイソレータの設計せん断変形を建物の要求性能に応じて設定する。
　　・設計せん断変形の大きさによってはハードニングを考慮し、水平剛性を割増しする。
　　・特性変動を考慮し、水平剛性を割増しする。

② 設計用応力の設定
a) 取付けボルトに作用する引張力算定用

$$N_d = N_L - (N_{E1} + N_{E2}) \qquad (式 4.31)$$
$$M_d = Q_d \times (h/2) + N_d \times (\delta/2) \qquad (式 4.32)$$

b) フランジプレート、取付け躯体に作用する圧縮力算定用〔前記(2) 1) ②を参照〕

$$N_d = N_L + (N_{E1} + N_{E2}) \qquad (式 4.33)$$
$$M_d = Q_d \times (h/2) + N_d \times (\delta/2) \qquad (式 4.34)$$

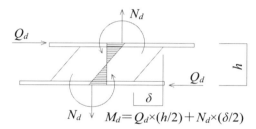

図 4.1.15 積層ゴムアイソレータの水平変形時外力

③ 取付けボルト、フランジプレートおよび取付け躯体に作用する応力度の算定
　　・平面保持の方法により、取付けボルトがフランジプレート内に等分布している円形断面柱として、軸力と曲げモーメントの釣合い条件から算出する。
　　・ヤング係数比($n_E = \phi_E \times (E_s/E_c)$)は、コンクリート設計基準強度に応じたコンクリートのヤング係数から求める。

a) 取付けボルトに作用する引張力の算出　　($N_d \neq 0$)
ⅰ) 中立軸が断面内にある場合　($0 \leq x_n \leq R_f$)　〔前記(2) 1) ③ b)を参照〕
ⅱ) 中立軸が断面外にある場合　($x_n < 0$)　〔図 4.1.16 参照〕

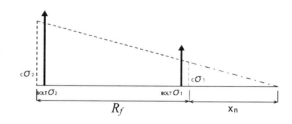

図 4.1.16 平面保持を仮定した場合の応力度分布 ($x_n < 0$)

設計用軸力時における中立軸(x_n)

$$x_n = \frac{I_n}{S_n} + \frac{R_f}{2} - e \tag{式 4.35}$$

設計用軸力時における中立軸周りの断面二次モーメント(I_n)

$$I_n = n_E \times a_g \times (r - x_n)^2 + n_E \times a_g \times \frac{1}{2}(r')^2 \tag{式 4.36}$$

設計用軸力時における中立軸周りの断面一次モーメント(S_n)

$$S_n = -n_E \times a_g \times (r - x_n) \tag{式 4.37}$$

コンクリートの縁圧縮応力度($_c\sigma_1, _c\sigma_2$)（圧縮を正）

$$_c\sigma_1 = \frac{x_n \times N_d}{S_n}, \quad _c\sigma_2 = \frac{(x_n - R_f) \times N_d}{S_n} \tag{式 4.38}$$

取付けボルトの応力度($_{BOLT}\sigma_1, _{BOLT}\sigma_2$)（圧縮を正）

$$_{BOLT}\sigma_1 = \frac{n_E \times (x_n - d_c) \times N_d}{S_n}, \quad _{BOLT}\sigma_2 = \frac{n_E \times (x_n + d_t - R_f) \times N_d}{S_n} \tag{式 4.39}$$

中立軸が断面外にある場合（$x_n < 0$）には、積層ゴムアイソレータに加わる曲げモーメントと軸力から偏心距離(e)を求めて、x_nを定める。

b) 取付けボルトに作用する引張力の割増

既往の実験結果および解析結果[4-5]から、引張軸力が作用する積層ゴムアイソレータの取付けボルトには、フランジプレートの剛性の影響により、取付けボルトに作用する軸力が増加することが確認されている。図 4.1.17 (a) のように、フランジ厚さが薄い場合は、フランジ剛性が低いことから、てこ作用による反力が取付けボルトに作用し、引張力が割増されるため、てこ反力を考慮する必要がある。一方、図 4.1.17(b)のフランジ厚さが厚い場合は、フランジ剛性が高く、てこ作用が働かないため、引張軸力の割増は生じない。

ここで紹介しているてこ反力係数は適切な厚さのベースプレートがある場合であり、ベースプレートレス、リング形ベースプレートの場合は別途検討が必要である。

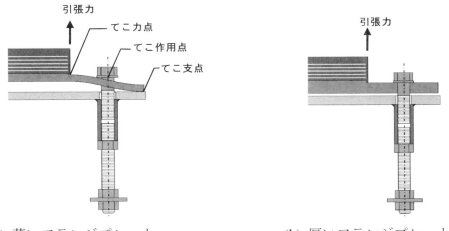

(a) 薄いフランジプレート　　　　　　(b) 厚いフランジプレート

図 4.1.17 てこ反力の考え方

てこ反力を考慮した取付けボルトに作用する引張力は、フランジプレートの剛性に応じて、以下の式によって求める。

てこ反力を考慮した取付けボルトに作用する引張力($_{BOLT}\sigma_t$)

$$_{BOLT}\sigma_t = \alpha \times {}_{BOLT}\sigma_2 \quad \text{(式 4.40)}$$

てこ反力係数(α)

$$\alpha = 1.0 + \beta \times \eta \quad \text{(式 4.41)}$$

てこ反力による割増(β)

$$\beta = \frac{-\frac{6E_s \times I_f}{K_{BOLT}} + 3a \times (a-l)^2}{\frac{6E_s \times I_f}{K_{BOLT}} - 2a^2 \times (2a-3l)} \quad \left(I_f < \frac{K_{BOLT} \times a \times (a-l)^2}{2E_s} \text{の場合}\right) \quad \text{(式 4.42)}$$

I_f：フランジプレートの有効断面二次モーメント
a：取付けボルトの縁端距離（法線方向）
l：連結ボルトの縁端距離

$$\beta = 0 \quad \left(I_f \geq \frac{K_{BOLT} \times a \times (a-l)^2}{2E_s} \text{の場合}\right) \quad \text{(式 4.43)}$$

水平載荷実験によるてこ反力の割増係数(η)

$$\eta = 2.5 \quad \text{(式 4.44)}$$

取付けボルトの軸剛性(K_{BOLT})

$$K_{BOLT} = \frac{1}{\frac{1}{\frac{E_s \times a_{e1}}{t_f}} + \frac{1}{\frac{E_s \times a_{e2}}{L_2}}} \quad \text{(式 4.45)}$$

a_{e1}：取付けボルトの有効断面積
a_{e2}：長ナットの有効断面積
L_2：長ナット長さ

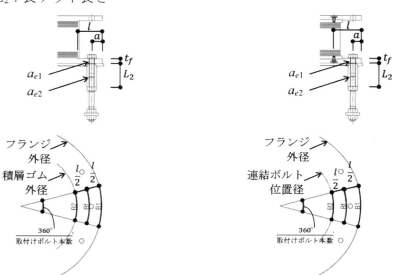

(a) フランジ一体成型タイプ　　　　　(b) 連結鋼板タイプ

図 4.1.18 諸元の設定

c) フランジプレートおよび取付け躯体に作用する圧縮力の算出（$N_d=0$）
〔前記(2) 1) ③ a)を参照〕

④ 取付けボルトの設計
引張軸力が作用しない積層ゴムアイソレータの場合と同じ。

⑤ フランジプレートの設計
引張軸力が作用しない積層ゴムアイソレータの場合と同じ。

⑥ アンカーボルトの引張力に対する設計

$$T_{max} \leqq P_a \tag{式4.46}$$

T_{max}：アンカーボルトに作用する最大引張力
取付けボルトと同じ引張力が働くとする
P_a：アンカーボルトの短期許容引張力

⑦ スタッドボルトのせん断力に対する設計

$$Q_d \leqq \Sigma q_a \tag{式4.47}$$

q_a：スタッドボルトの短期許容せん断力

3) 圧縮応力に対する検討方法
① 積層ゴムアイソレータ直下の支圧応力度

積層ゴムアイソレータ直下には、軸力を伝達するために局所的に大きな支圧応力度が作用する。圧縮軸力を支圧面積で除した支圧応力度が取付け躯体コンクリートの許容支圧応力度以下となっていることを確認する。

局部圧縮を受ける支圧面積(A_1)は、積層ゴムアイソレータが水平変形した場合に積層ゴム最上端と最下端の水平投影面積が重複する面積から、フランジ厚さとベースプレート厚さの合計分を拡大した面積とし、短期許容支圧応力度は（式4.48）により算定する。支承面積($_nA_c$)を図4.1.19に示す。

$$f_n = \frac{2}{3} F_{n0} \times \sqrt{_nA_c/A_1} \quad \text{（ただし、} \sqrt{_nA_c/A_1} \leqq 2.0\text{）} \tag{式4.48}$$

ここで、F_{n0}：コンクリート設計基準強度F_cに基づく支圧基準強度（$=1.8F_c^{(0.8-F_c/2000)}$）
A_1：支圧面積
局部圧縮を受ける支圧面積で積層ゴムアイソレータが水平変形した場合に積層ゴム最上端と最下端の水平投影面積が重複する面積からフランジ厚さとベースプレート厚さの合計を拡大した面積
$_nA_c$：支承面積
支圧端から離れて応力が一様分布となった架台底面のコンクリート支承面積

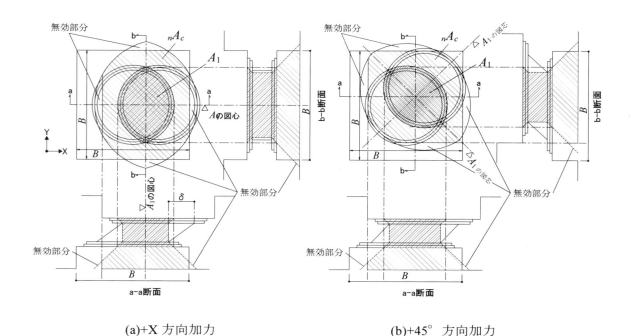

(a)+X 方向加力　　　　　　　　　(b)+45°方向加力

図 4.1.19 支圧応力度算定用面積

支圧面積(A_1)は、下式により算定する。

$$A_1 = [2 \times cos^{-1}(\delta/D_c) - sin\{2 \times cos^{-1}(\delta/D_c)\}] \times D_c^2/4 \quad (式 4.49)$$

ここに、$D_c = \varphi + 2t_f + 2t_b$

φ：積層ゴムの外径

t_f：フランジプレートの板厚

t_b：ベースプレートの板厚

取付け躯体の短期許容支圧応力度の支承面積($_nA_c$)は、支圧面積 (A_1) から 45 度広がりを考慮した取付け躯体下端（上部取付け躯体では取付け躯体上端）での架台内を有効面積とする[*4-6]。なお、取付け躯体高さが極端に低い場合、広がり少なく $_nA_c$ が全て架台内に納まる小さな面積となる場合があるが、架台と接続する躯体が一体と見なせる場合には、接続する躯体内で 45 度広がりを考慮するとの判断もある。但し、取付け躯体と本体の躯体コンクリート強度が異なる場合には低い側の強度を用いるなどの配慮が必要と考える。

X 方向、または、Y 方向加力時の $_nA_c$ は次式から求める。

$D_B \leqq B$ のとき：$_nA_c = [2 \times cos^{-1}(\delta/D_B) - sin\{2 \times cos^{-1}(\delta/D_B)\}] \times D_B^2/4$ (式 4.50)

$D_B > B$ のとき：$_nA_c = [2 \times cos^{-1}(\delta/D_B) - sin\{2 \times cos^{-1}(\delta/D_B)\}] \times D_B^2/4$
$\qquad\qquad\qquad + B(\sqrt{D_B^2 - B^2} - \delta) - D_B^2 \times cos^{-1}(B/D_B)$ (式 4.51)
$\qquad\qquad\qquad + 1/2\{D_B^2 \times cos^{-1}(\sqrt{D_B^2 - \delta^2}/D_B) + \delta \times \sqrt{D_B^2 - \delta^2}\}$

ここで、D_B：積層ゴムアイソレータの直径+2×(フランジ板厚+ベースプレート厚
　　　　　　　　　　　　　　　　　　　　　　　+取付け躯体高さ)

B：取付け躯体幅

また、45°、135°方向加力時の $_nA_c$ は次式から求める。

$D_B \leqq B$ のとき：$_nA_c = [2 \times cos^{-1}(\delta/D_B) - sin\{2 \times cos^{-1}(\delta/D_B)\}] \times D_B^2/4$ （式 4.52）

$D_B > B$ のとき：$_nA_c = [2 \times cos^{-1}(\delta/D_B) - sin\{2 \times cos^{-1}(\delta/D_B)\}] \times D_B^2/4$
$\qquad\qquad\qquad + B\sqrt{D_B^2 - B^2} - D_B^2 \times cos^{-1}(B/D_B)$ （式 4.53）

　本指針では、積層ゴムアイソレータの取付け躯体の支圧強度に対する検討を示しているため、長期荷重で局部的に高い支圧応力が生じる球面滑り支承については示していない。このため、高い支圧応力度が生じる取付け躯体では、コンクリート強度を高くして長期許容支圧応力度以内とすることや、ベースプレートの厚さを増して支圧面積を広げることなどの対応を現段階では推奨する。

　一方、PC 基準 2022 年[4-7]の考えを引用した支圧強度を用いて設計している事例や、球面滑り支承の様な取付け躯体に対し比較的小さな支承面積の部材では、より高い許容支圧強度が確保できる旨の研究結果[4-8]も報告されているため、参考いただきたい。

　その他の注意事項として、特に高い支圧応力が生じる免震部材の取付け躯体では、取付け躯体内の局部圧縮応力を受ける方向と直交方向に引張り応力が生じる傾向がある[4-9]。中子筋を多く配置するなど十分な補強が必要である。

(3) 弾性すべり支承接合部の設計
- 弾性すべり支承には、低摩擦、中摩擦、高摩擦タイプがある。
- 許容面圧分の圧縮軸力が作用しているものとして、接合部に引張軸力は作用しないものとする。
- ボルトに引張力が作用しない場合には、突起付き袋ナットを用いた形式としてもよい。
- 摩擦によるせん断力をスタッドボルトで負担するものとする。
- 接合部に作用する応力度などは、積層ゴムアイソレータの設計方針と同様とする。

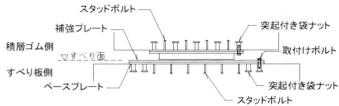

図 4.1.20 弾性すべり支承の接合部の例（接合部に引張力が作用しない場合）

1) 設計用応力の算定
① 設計用軸力(N_d)の設定
- 許容面圧分の圧縮軸力を設計用軸力とする。

$$N_d = A_s \times \sigma_S \tag{式 4.54}$$

A_s ：すべり材の有効断面積

σ_S ：短期許容面圧（上下動考慮）

② 設計用せん断力(Q_d)の設定
- 設計用軸力(N_d)により生じる摩擦力を設計用せん断力とする。
- 特性変動を考慮し、摩擦係数を割増しする。

$$Q_d = \mu_0 \times C_{v1} \times N_d \tag{式 4.55}$$

μ_0 ：基準面圧時の摩擦係数

C_{v1} ：特性変動を考慮した摩擦係数の割増係数

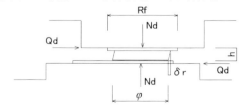

図 4.1.21 弾性すべり支承の水平変形時外力

③ 取付け躯体に作用する支圧応力度(σ_c)の算定
- 設計用軸力(N_d)を支圧面積で除して支圧応力度とする。

$$\sigma_c = N_d / A_1 \tag{式 4.56}$$

A_1 ：支圧面積（積層ゴムアイソレータと同様に下式による）

$$A_1 = [2 \times cos^{-1}(\delta_r/D_c) - sin\{2 \times cos^{-1}(\delta_r/D_c)\}] \times D_c^2/4 \tag{式 4.57}$$

ここに、$D_c = \varphi + 2t_f + 2t_b$　　　(なお、すべり板側は $2t_s$ を加えてもよい)

　　　t_f　：フランジプレートもしくは補強プレートの板厚

　　　t_b　：ベースプレートの板厚

　　　t_s　：すべり板の板厚

　　　δ_r　：積層ゴム部分の水平変形

2) 部材の設計
① 取付けボルトの設計

設計用せん断力(Q_d)が全取付けボルトに均等に作用するものとする。

$$Q_{bD} \leqq q_a \qquad (式4.58)$$

　　Q_{bD}　：取付けボルトの設計せん断力　　　$Q_{bD} = Q_d/n_b$

　　q_a　：取付けボルトの短期許容せん断力　　$q_a = \tau_{ba} \times a_{e1}$

　　n_b　：取付けボルト本数

　　τ_{ba}　：取付けボルトの短期許容せん断応力度

　　a_{e1}　：取付けボルトの有効断面積

② フランジプレート、補強プレートの端抜けに対する設計

a) 積層ゴム側

$$\tau_f = Q_{bD} / \{2 \times (d_e - \phi_b/2) \times t_f\} \leqq \tau_{fa} \qquad (式4.59)$$

$$Q_{bD} = Q_d/n_b \qquad (式4.60)$$

　　τ_f　：フランジプレートの端抜けに対するせん断応力度

　　τ_{fa}　：フランジプレートの短期許容せん断応力度

　　d_e　：取付けボルトの縁端距離

　　ϕ_b　：ボルト孔径

　　t_f　：フランジプレート板厚

b) すべり板側

すべり板側も積層ゴム側と同様に端抜けに対する検討を行う。ただし、ボルト配置によって危険断面位置などを適宜考慮する。

③ スタッドボルトのせん断力に対する設計

$$Q_d \leqq \Sigma q_a \qquad (式4.61)$$

　　q_a　：スタッドボルト1本あたりの短期許容せん断力

④圧縮応力に対する設計

・積層ゴムアイソレータの圧縮応力に対する検討方法と同様に、設計用軸力を支圧面積で除した支圧応力度(σ_c)が、取付け躯体コンクリートの許容支圧応力度(f_n)以下であることを確認する。

$$\sigma_c \leqq f_n \qquad (式4.62)$$

・積層ゴム側の許容支圧応力度算定時の支承面積($_nA_c$)は、積層ゴムアイソレータの支承面積の算定と同様に、(式 4.50)～(式 4.53)により求める。
・すべり板側の許容支圧応力度算定時の支承面積($_nA_c$)は、すべり支承が X 方向または Y 方向変形時の場合を考え、(式 4.63)、(式 4.64)により算定する。

$D_B \leqq B_2'$ のとき: $_nA_c = [2 \times cos^{-1}(\delta_r/D_B) - sin\{2 \times cos^{-1}(\delta_r/D_B)\}] \times D_B^2/4$ (式 4.63)

$D_B > B_2'$ のとき: $_nA_c = [2 \times cos^{-1}(\delta_r/D_B) - sin\{2 \times cos^{-1}(\delta_r/D_B)\}] \times D_B^2/4$
$+ \left\{ B_2'\sqrt{D_B^2 - B_2'^2} - D_B^2 \times cos^{-1}(B_2'/D_B) \right\} \times 1/2$ (式 4.64)

D_B : 積層ゴムアイソレータの直径+2×(フランジ板厚+ベースプレート厚+取付け躯体高さ)

B_2' : すべり支承の移動を考慮した計算上の取付け躯体幅
  $B_2' = 2 \times \{B_2/2 - (\delta - \delta_r)\}$

B_1 : 積層ゴム側の取付け躯体幅

B_2 : すべり板側の取付け躯体幅

δ_r : 積層ゴム部分の水平変形

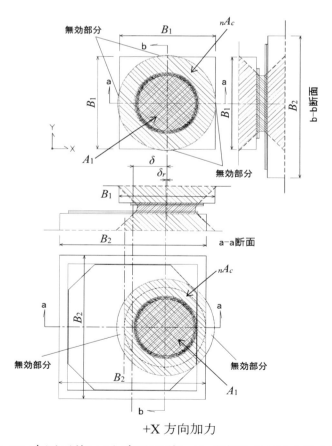

図 4.1.22 支圧面積(A_1)と支承面積($_nA_c$) (積層ゴム部のせん断変形を考慮)

(参考)

弾性すべり支承の接合部は、曲げ応力が生じた場合にも積層ゴム側の接合部に引張力が作用しないことを基本としているが、高摩擦タイプで装置高さが高い場合などに、積層ゴム部分のせん断変形と共に高軸力が作用することにより、接合部に引張力が作用することも考えられる。ここでは、弾性すべり支承の接合部に曲げ応力が生じ接合部端に引張力が作用する場合の判断指標と、その場合の設計応力を参考として示す。

(1) 積層ゴム側接合部の縁応力度の判定式

積層ゴム側接合部端に引張応力が生じる場合の判定式は、積層ゴム部が円形断面の場合、曲げモーメント(M_d)による縁応力度と圧縮応力度の関係から下式で示すことができる。

$$4-32\mu_0 h/\varphi < 0 \quad \rightarrow \quad \varphi/h < 8\mu_0 \qquad (式4.65)$$

φ :積層ゴムの外径
h :装置高さ

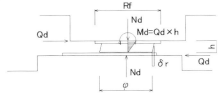

図4.1.23　取付け躯体に作用する外力および応力

弾性すべり支承の積層ゴム側接合部のボルトに引張力が生じる場合には、積層ゴムアイソレータ接合部と同様に、接合部について引張力とせん断力の合成応力度に対して設計を行い、応力を十分に伝達できるディテールとする。〔図4.1.24参照〕

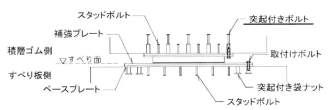

図4.1.24　弾性すべり支承の接合部の例（接合部縁応力度が引張となる場合）

(2) 積層ゴム部分のせん断変形を考慮した曲げモーメントの算定式

弾性すべり支承の積層ゴム側接合部のボルトに引張力が生じる場合、取付け部に作用する引張力算定用曲げモーメントの算定は下式によるものとする。

1) 取付けボルトに作用する設計応力算定用

$$M_d = Q_d \times h \qquad (式4.66)$$

2) フランジプレート、取付け躯体に作用する設計応力算定用

$$M_d = Q_d \times h + N_d \times \delta_r \qquad (式4.67)$$

δ_r :積層ゴム部のせん断変形　　$\delta_r = h_r \times \mu_0 \times C_{v1} \times \sigma_S / G$
h_r :積層ゴムのゴム総厚
G :ゴムのせん断弾性係数

4.2 ダンパー

(1) 接合部の設計
 1) 鉛直方向に取付くダンパーの場合

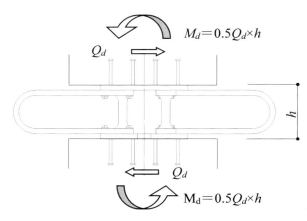

図 4.2.1 ダンパー周りの水平変形時応力

接合部に作用する応力は上図とし、設計用最大水平変形は極めて稀に発生する地震動時相当として、ダンパーの特性変動を考慮する。

接合部の設計は、せん断応力に対しては袋ナットおよびスタッドボルトまたはアンカーボルトで抵抗し、曲げモーメントに対してスタッドボルトまたはアンカーボルトで抵抗するものとする。

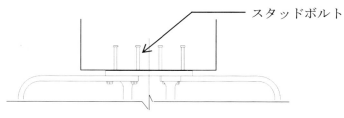

図 4.2.2 接合形式

2) 水平方向に取付くダンパーの場合

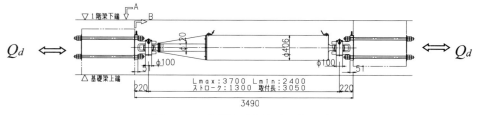

図 4.2.3 水平に取付くダンパー

接合部に作用する応力はダンパーに作用する減衰力とし、減衰力の大きさは最大応答値、ダンパーの最大減衰力を適切に考慮する。また、ダンパーの特性変動を考慮する。

取付けボルトは通しボルト形式を標準とし、接合部の設計は減衰力と自重を適切に考慮するものとする。

(2) ダンパー接合部の設計例
 1) 履歴系鋼製ダンパー接合部の設計例
　　履歴系鋼製ダンパー接合部の設計用ダンパー反力は、メーカーの技術資料より設計荷重を決定し検討を行う。

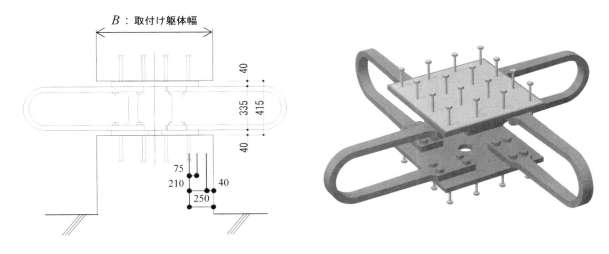

図 4.2.4 履歴系鋼製ダンパー（U 型ダンパー）[*4-10]

取付け躯体
コンクリートの設計基準強度：F_c36
取付け躯体幅　　　　　　　：$B=$　1,000 mm
スタッドボルト芯からかぶり厚さを除いた最小へりあき寸法：$c=250-40=210$ mm

① 設計荷重
　　（参考）　免震部材の認定書に示される各特性値
　　・ダンパー形式名　：UD50×4
　　・水平性能　　　　：初期剛性　　$K_1=8,150$ kN/m
　　　　　　　　　　　　二次剛性　　$K_2=$　144 kN/m
　　　　　　　　　　　　降伏荷重　　$_dQ_y=$　234 kN

接合部検討用の変位は、最大変位（設計目標値）$\delta=500$ mm とする。
設計荷重（接合部設計用荷重）Q_d は、メーカー技術資料[*4-11]に示される設計荷重を用いる。設計荷重は、試験データのばらつき（製造ばらつき等含む）を考慮して統計的に定めた値である。図 4.2.5 にメーカーが示す設計荷重と復元力の関係説明図を示す。

設計変形 δ (δ_a) =500mm
設計荷重 Q_d $(_dQ_a)$ =348kN
M_d=348×0.415/2=72.2kNm

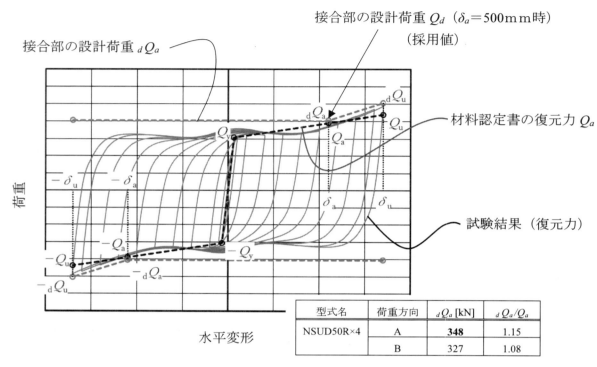

図 4.2.5 設計用荷重と復元力の関係（概要図）[*4-11]

参考に、図 4.2.6 に履歴系鋼製ダンパーの復元力特性（メーカー試験結果）[*4-12]を示す。設計荷重 $_dQ_a$ は、最大値を採用するため、水平変形±500mm の範囲の A 方向、B 方向の異なる試験結果の復元力特性を包絡する一定値を採用している。なお、設計荷重は、実線で示される部材認定書の復元力特性および試験結果を各方向・各変位で包絡する荷重であることが確認できる。

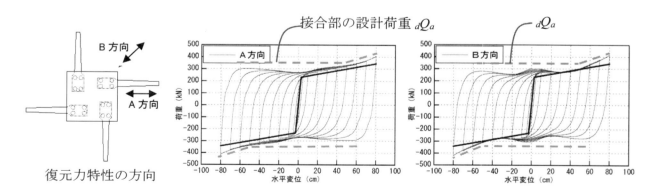

図 4.2.6 履歴系鋼製ダンパー（U 型ダンパー）の復元力特性[*4-12]

② 頭付きスタッドボルト

スタッドボルトの耐力は「各種合成指針」に準拠する。

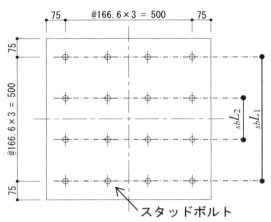

図4.2.7 スタッドボルト配置図

取付け躯体のコンクリートの設計基準強度 F_c36
スタッドボルト：$\varphi25\,(l=250\text{mm})$，16本（$L_e=198\text{mm}$）
$_{sc}a=490\text{mm}^2$（軸部断面積）
取付部の断面係数 Z の算出

$Z = 4\times{}_{sc}a\times{}_{sb}L_1 + 4\times{}_{sc}a\times{}_{sb}L_2{}^2/{}_{sb}L_1$
$= 980,000+108,801=1,088,801\text{mm}^3$

$_{sb}L_1$：最外端のスタッドボルト間隔
　$_{sb}L_1=500$ mm
$_{sb}L_2$：内周部のスタッドボルト間隔
　$_{sb}L_2=500/3=166.6$ mm

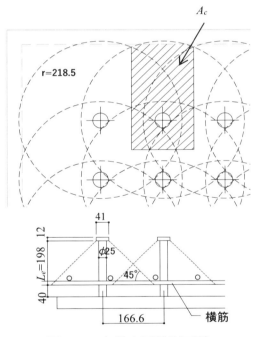

図4.2.8 有効水平投影面積

・コーン状破壊面の有効水平投影面積(A_c)
コーン状破壊面の有効水平投影面積は架台のかぶりを除いた位置での面積とし、隣接するスタッドボルト間の投影面積の重なりを除いた面積とし、引張が最大となる最外縁で検討する。

$A_c=47,373\text{mm}^2$（重なりを除いた面積：斜線部）

a) 短期許容引張力(P_a)の算定

　$P_a = \min(P_{a1}, P_{a2}) = \min(115.1,\ \ 58.7) = 58.7$ kN/本

i) スタッドボルト軸部の降伏により決まる場合の短期許容引張力(P_{a1})
　$P_{a1} = \phi_1\times{}_s\sigma_{pa}\times{}_{sc}a = 1.0\times235\times490/10^3 = 115.1$ kN/本

ii) コンクリート躯体のコーン状破壊により決まる場合の短期許容引張力(P_{a2})
　$P_{a2} = \phi_2\times{}_c\sigma_t\times A_c = 2/3\times0.31\times\sqrt{36}\times47,373/10^3 = 2/3\times88.1 = 58.7/$本

スタッドボルトの短期許容引張力時の頭部支圧応力度に対して、コンクリートの短期

許容支圧応力度(f_n)以下であることを確認する。

$P_a=\min(P_{a1}, P_{a2}{}^*)=\min(115.1, 184.3)=115.1$ kN/本

＊コーン状破壊による耐力(P_{a2})は、安全側の検討として投影面積の重なりの低減のない引張耐力
($A_c= \pi L_e(L_e+D) = 148,666$ mm^2)により確認する。

$P_a/A_0=115.1\times1,000/829=138.8$ N/mm^2 $\leqq$ $f_n=180$ N/mm^2　　OK

b) 短期許容せん断力(q_a)の算定

$q_a=\min(q_{a1}, q_{a2}, q_{a3})=\min(80.6, 147.0, 42.2)=42.2$ kN/本

q_{a1}：スタッドボルトのせん断降伏強度により決まる場合の短期許容せん断力

$q_{a1} = \phi_1 \times {}_s\sigma_{pa} \times {}_{sc}a = 1.0\times0.7\times235\times490/10^3 = 80.6$ kN/本

q_{a2}：コンクリート躯体の支圧強度により決まる場合の短期許容せん断力

$q_{a2} = \phi_2 \times {}_c\sigma_{qa} \times {}_{sc}a = \phi_2\times0.5\times\min(900,\sqrt{F_c \times E_c})\times {}_{sc}a$

$= 2/3\times0.5\times\min(900,\sqrt{36 \times 25,949})\times490/10^3 = 2/3\times220.5 = 147.0$ kN/本

q_{a3}：コンクリート躯体の側面コーン状破壊により決まる場合の短期許容せん断力

へりあき寸法 $c = 210$mm　$A_{qc} = 34,030$mm^2（重なり部分を除いた面積）

$q_{a3} = \phi_2 \times {}_c\sigma_t \times A_{qc} = 2/3\times0.31\times\sqrt{36}\times34,030/10^3 = 2/3\times63.3 = 42.2$ kN/本

＊有効埋め込み長さの検討について

スタッドボルトはベースプレートに取り付けられており、スタッドの回転変形に対し十分な拘束効果を保持しているため、検討は省略する。

③ 接合部の検討

スタッドボルト1本当りの引張力(P_s)の算定

$P_s = {}_{sc}a\times M_d/Z = 490\times72.2\times10^3/1,088,801 = 32.5$ kN/本

スタッドボルト1本当りのせん断力(q_s)の算定

$q_s = Q_d/n_b = 348/16 = 21.8$ kN/本

スタッドボルトのせん断検討

$q_s/q_a = 21.8/42.2 = 0.52$　$\leqq$　1.0　　OK

引張り側スタッドボルトの組合せ検討

引張側のため、許容せん断力の算定に側面コーン状破壊を考慮しない。

$q_a=\min(q_{a1}, q_{a2})=\min(80.6, 147.0)=80.6$ kN/本

$\alpha = 1$

$(P_s/P_a)^\alpha+(q_s/q_a)^\alpha=(32.5/58.7)^1+(21.8/80.6)^1=0.82$　$\leqq$　1.0　　OK

2) オイルダンパー接合部の設計

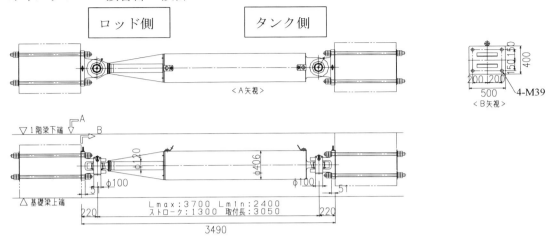

図 4.2.9 オイルダンパー

① 設計条件
- ダンパー重量　　　：11.8kN
- 基礎形状　　　　　：900×1,000×高さ 1,100
- 水平性能　　　　　：初期減衰係数 C_1 = 2.5MNs/m
  　　　　　　　　　　二次減衰係数 C_2 = 0.169MNs/m
  　　　　　　　　　　リリーフ速度　0.32m/s
  　　　　　　　　　　リリーフ荷重　800kN
  　　　　　　　　　　最大減衰力　　1,000kN

- 水平性能の変化率：繰り返し依存性　1.02（耐久性試験結果）
  　　　　　　　　　温度変化率　　　1.03 (-10℃と 20℃と比較)
  　　　　　　　　　経年変化率　　　なし（密封構造のため）
  　　　　　　　　　製造変化率　　　±15%以内

- ダンパー水平反力：Q_{max} = (1.02+0.03+0.15)×1,000 = 1,200 kN（安全側に最大減衰力とする）
  なお、接合部設計用反力には水平性能変化率を考慮する。

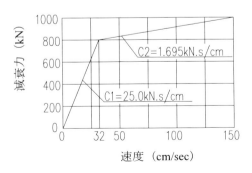

図 4.2.10 減衰力-速度関係図

a) 引張力に対する検討
 i) 設計引張力(N_d)の算定
    取付けボルト：4－M39
    $N_d = Q_{max}/n_b = 1,200/4 = 300.0$ kN/本

 ii) 短期許容引張力(N_a)の算定
    $N_a = f_t \times a_g = 345 \times 1,195/10^3 = 412.3$ kN/本 $\geqq$ $N_d = 300$ kN/本　　OK

   ＊付着の検討について
    取付けボルトは取付板を用いて通しボルトとしているため、検討は省略する。

b) ダンパー自重によるせん断力に対する検討
 i) 設計せん断力(Q_b)の算定
    取付けボルト全本数で設計用せん断力(Q_d)を負担するものとする。
    なお、設計用せん断力にはダンパー自重に対する上下動（1.0G）の影響を考慮する。
    $Q_d = (11.8 \times 2)/2 = 11.8$ kN
    $Q_b = Q_d/n_b = 11.8/4 = 2.95$ kN/本

 ii) 短期許容せん断力(q_a)の算定
    $q_a = \phi_1 \times 0.7 \times \sigma_y \times {}_{sc}a = 1.0 \times 0.7 \times 345 \times 1,195/10^3 = 288.6$ kN/本 $\geqq$ $Q_b = 2.95$ kN/本　　OK

c) 引張力とせん断力の組合せに対する検討
    取付けボルトについては、S 規準式により算定し、ボルト 1 本あたりの引張力とせん断力の組み合わせ応力で検討する。

$$\sqrt{(N_d/N_a)^2 + (Q_b/q_a)^2} = \sqrt{(300/412.3)^2 + (2.95/288.6)^2} = 0.73 \leqq 1.0 \quad \text{OK}$$

4.3 各種アイソレータの接合部の設計例

(1) 天然ゴム系積層ゴムアイソレータ接合部の設計（φ1,300）

引張軸力が作用しない「天然ゴム系積層ゴムアイソレータ」について接合部の設計例を示す。接合部は、スタッドボルト＋突起付きボルト併用とする。せん断力をスタッドボルトで負担し、曲げモーメントを突起付きボルトで負担するものとする。極めて稀に発生する地震動の応答変位量に対して、免震部材の接合部が短期許容応力度以下であることを確認する。

設計応力算定の際、各種ボルトの引張力には接合部の軸力(N_d)を考慮せず、フランジプレートおよび取付け躯体の圧縮力には接合部の軸力(N_d)を考慮する。算定方法は平面保持の仮定により、取付けボルトがフランジプレート内に等分布している円形断面柱として、軸力と曲げモーメントの釣合い条件から算出する。

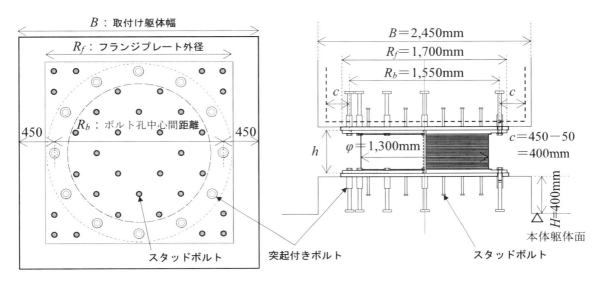

図 4.3.1 天然ゴム系積層ゴムアイソレータ概要図 （断面図、ボルト配置図）

1) 諸　元
① 免震部材

天然ゴム系積層ゴム
- 内部ゴムのせん断弾性率 ： G＝0.392N/mm²
- ゴム外径 ： φ＝1,300mm （被覆ゴム含まず）
  （有効断面積：A_r＝13.249×10⁵ mm²）
- ゴム総厚 ： h_r＝252.3 mm
- 高さ ： h ＝455.5 mm

フランジプレート（材質：SS400）
- 外径 ： R_f＝1,700 mm
- 半径 ： r＝850 mm
- 板厚 ： t_f＝32 mm
- ボルト孔径 ： ϕ_b＝39 mm

ベースプレート
- 板厚 ： t_b＝32 mm

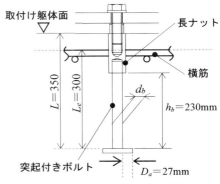

図 4.3.2　突起付きボルト軸部形状

② 各種ボルト

取付けボルト：12－M36（軸部径　36 mm）

- 基準強度　　　　　　　　：強度区分 6.8（長期許容引張応力度 280 N/mm²）
- 有効断面積　　　　　　　：$a_{e1}=817$ mm²
- 全軸部断面積　　　　　　：$a_g=12×817=9,804$ mm²
- ボルト孔中心間距離　　　：$R_b=1,550$ mm
- ボルト孔中心半径　　　　：$r'=R_b/2=775$ mm
- ボルト縁端距離　　　　　：$d_c=d_t=(R_f-R_b)/2=(1,700-1,550)/2=75$ mm
- ボルト縁端距離（法線方向）：$a=(1,700-1,550)/2=75$ mm

突起付きボルト：12－M36（材質：SS400）

- ボルト軸部径　　　　　　：$d_b=36$ mm
- 頭部の径　　　　　　　　：$D_n=90$ mm（≧2.5×$d_b=90$ mm）
- 頭径部の出寸法　　　　　：$D_a=(D_n-d_b)/2=(90-36)/2=27$ mm
- 軸部の有効長さ　　　　　：$h_b=230$ mm
- 定着板厚　　　　　　　　：$t_n=32$ mm
- 長ナット軸部径　　　　　：$d_n=65$ mm
- 頭部から横筋までの長さ　：$L_e=300$ mm

スタッドボルト：32－φ22（材質：400 級）

- ボルト軸部径　　　　　　：$d_b=22$ mm
- 軸部有効断面積　　　　　：$a_{e4}=(d_b/2)^2×\pi=(22/2)^2×\pi=380$ mm²
- スタッドボルト有効長さ　：$L_e=200$ mm

③ 取付け躯体

- コンクリートの設計基準強度：F_c45
- 取付け躯体幅　　　　　　：$B=2,450$ mm
- 突起付きボルト芯からかぶり厚さを除いた最小へりあき寸法：$c=450-50=400$ mm
- 取付け躯体高さ　　　　　：$H=400$ mm

2) 設計条件

① 水平変形

極めて稀に発生する地震動に対する最大変形：$\delta=400$ mm

② 水平性能と特性変動

せん断剛性(標準時)：$K=2.06×10^3$ kN/m

表 4.3.1 設計基準値に対するせん断剛性(K)の変動要因と特性変動（プラス側）

変動要因	特性変動
製品のばらつき	+20%
経年変化（60 年後）	+10%
環境温度変化（0℃／20℃）	+5.6%
合計	+35.6%

③ 面圧
　　　長期面圧：$\sigma_L = 10 \text{ N/mm}^2$
　　　短期面圧：$\sigma_S = 15 \text{ N/mm}^2$（上下動考慮）

3) 免震部材に生じる応力
① 設計用せん断力(Q_d)の設定
　　　水平変形　　　　　　　　　　$\delta = 400$mm
　　　設計せん断ひずみ　　　　　　$\gamma = 400/252.3 = 159\%$　＜　250%ハードニングは発生しない。
　　　特性変動による割増係数　　　$C_{v1} = 1.356$　（プラス側となる場合+35.6%考慮)
　　　設計用せん断力　　　　　　　$Q_d = (C_{v1} \times K) \times \delta = (1.356 \times 2.06 \times 10^3) \times 0.40 = 1,117.3$ kN

② 設計用応力の設定
　a) 取付けボルトに作用する引張力算定用
　ⅰ) 設計用軸力(N_d)の算定

　　　$N_d = 0$ kN

　ⅱ) フランジプレート面に作用する曲げモーメント(M_d)の算定

　　　ここで、曲げモーメントを求める際、P－⊿効果による付加曲げモーメントは考慮しない。地震時にアイソレータに引張力が作用しないため、設計用軸力 $N_d = 0$kN として、安全側の評価で検討を行う。

$$M_d = Q_d \times \frac{h}{2} + N_d \times \frac{\delta}{2} = 1,117.3 \times \frac{455.5}{2} \times 10^{-3} + 0 \times \frac{400}{2} \times 10^{-3} = 254.5 \text{ kNm}$$

　b) 取付け躯体に作用する圧縮力算定用
　ⅰ) 設計用軸力(N_d)の算定

　　　$N_d = N_L + (N_{E1} + N_{E2}) = A_r \times \sigma_S = 19,874$ kN　→　19,900 kN とする
　　　　N_{E1}：水平地震動により接合部に作用する軸力の大きさ
　　　　N_{E2}：上下地震動により接合部に作用する軸力の大きさ

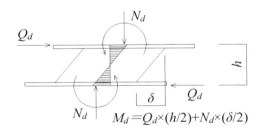

図 4.3.3 積層ゴムアイソレータの水平変形時外力

③ 取付けボルト、フランジプレートおよび取付け躯体に作用する応力度の算定

平面保持の仮定により、取付けボルトがフランジプレート内に等分布している円形断面柱として、軸力と曲げモーメントのつりあい条件から算出する。

ヤング係数比($n_E = \phi_E \times \frac{E_s}{E_c}$)は、$\phi_E = 1.5$ として、コンクリート設計基準強度に応じたコンクリートのヤング係数から求める。ヤング係数比(n_E)は以下の数値とする。

$$n_E = 1.5 \times \frac{E_s}{E_c} = 1.5 \times \frac{205,000}{29,816} = 10.31$$

a) 取付けボルトに作用する引張応力度の算定($N_d = 0$)

中立軸が断面内にあるものとして、$S_n = 0$ となるように算定する。

ⅰ) 中立軸の算定（式 4.8 より）

$\theta = 0.950\ rad = 54.4°$

$\sin\theta = 0.813$

$\cos\theta = 0.582$

$x_n = r \times (1 - \cos\theta) = 355.5\ mm \quad (0 \leqq x_n \leqq R_f = 1,700)$

ⅱ) 断面二次モーメントの算定（式 4.9 より）

$$I_n = r^4 \times \left\{ \theta \times \left(\frac{1}{4} + \cos^2\theta\right) - \sin\theta\cos\theta \times \left(\frac{13}{12} + \frac{1}{6} \times \cos^2\theta\right) \right\} + n_E \times r^2 \times a_g \times \left\{ \frac{1}{2} \times \left(\frac{r'}{r}\right)^2 + \cos^2\theta \right\}$$

$$= 850^4 \times \left\{ 0.950 \times \left(\frac{1}{4} + 0.582^2\right) - 0.813 \times 0.582 \times \left(\frac{13}{12} + \frac{1}{6} \times 0.582^2\right) \right\} + 10.31 \times 850^2 \times 9,804 \times \left\{ \frac{1}{2} \times \left(\frac{775}{850}\right)^2 + 0.582^2 \right\}$$

$$= 6.55 \times 10^{10}\ mm^4$$

ⅲ) 取付けボルトの応力度の算定（圧縮を正）（式 4.12 より）

$${}_{BOLT}\sigma_1 = n_E \times (x_n - d_c) \times \frac{M_d}{I_n} = 10.31 \times (355.5 - 75) \times \frac{254.5 \times 10^6}{6.55 \times 10^{10}} = 11.2\ N/mm^2$$

$${}_{BOLT}\sigma_2 = n_E \times (x_n + d_t - R_f) \times \frac{M_d}{I_n} = 10.31 \times (355.5 + 75 - 1,700) \times \frac{254.5 \times 10^6}{6.55 \times 10^{10}} = -50.9\ N/mm^2$$

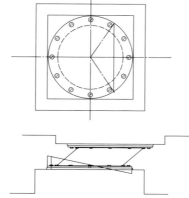

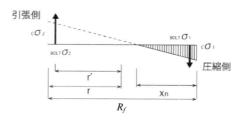

図 4.3.4 取付けボルトに作用する引張力　　図 4.3.5 取付けボルト位置の引張応力度
（中立軸が断面内にある場合）

b) 取付け躯体に作用する支圧応力度の算定
 ⅰ) 積層ゴムアイソレータ直下の支圧応力度の算定

支圧面積(A_1)は、積層ゴムアイソレータが水平変形した場合に積層ゴム最上端と最下端の水平投影面積が重複する範囲から、フランジプレート厚さとベースプレート厚さの合計分を拡大した面積とする。

$$A_1 = [2 \times cos^{-1}(\delta/D_c) - sin\{2 \times cos^{-1}(\delta/D_c)\}] \times D_c^2/4$$
$$= [2 \times cos^{-1}(400/1,428) - sin\{2 \times cos^{-1}(400/1,428)\}] \times 1,428^2/4$$
$$= 1,038 \times 10^3 \text{ mm}^2$$

$$D_c = \varphi + 2t_f + 2t_b = 1,300 + 2 \times 32 + 2 \times 32 = 1,428 \text{ mm}$$

$$\sigma_c = \frac{N_d}{A_1} = \frac{19,900 \times 10^3}{1,038 \times 10^3} = 19.2 \text{ N/mm}^2$$

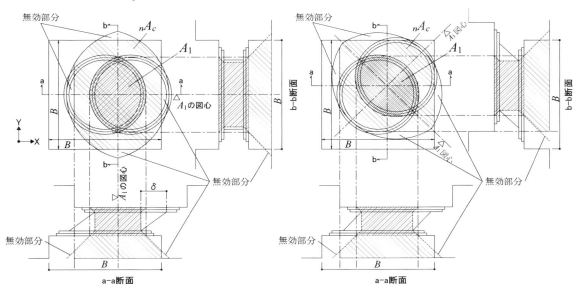

(a)+X方向加力　　　　　　　　　(b)+45°方向加力

図 4.3.6　支圧面積(A_1)

4) 取付けボルトの検討
 ① 設計引張力の算定

取付けボルト位置の引張応力度（$_{BOLT}\sigma_2$　式 4.12）から算定した、ボルトの最大引張力を設計引張力とする。

$$T_{bD} = T_{max} = {}_{BOLT}\sigma_2 \times a_{e1} = 50.9 \times 817 \times 10^{-3} = 41.6 \text{ kN}$$

 ② 設計せん断力の算定

取付けボルト全本数で設計用せん断力(Q_d)を負担するものとする。

取付けボルト本数 $n_b = 12$ 本

$$Q_b = \frac{Q_d}{n_b} = \frac{1,117.3}{12} = 93.1 \text{ kN/本}$$

③ 検定結果

引張力とせん断力の合力で検討する。

取付けボルトの短期許容引張力

$$T_a = 1.5 \times f_t \times a_{e1} = 1.5 \times 280 \times \frac{817}{1,000} = 343.1 \text{ kN/本}$$

取付けボルトの短期許容せん断力

$$q_a = 1.5 \times \frac{f_t}{\sqrt{3}} \times a_{e1} = 1.5 \times \frac{280}{\sqrt{3}} \times \frac{817}{1,000} = 198.1 \text{ kN/本}$$

$$\sqrt{(T_{bD}/T_a)^2 + (Q_b/q_a)^2} = \sqrt{(41.6/343.1)^2 + (93.1/198.1)^2} = 0.485 < 1.0 \quad \text{OK}$$

5) 各種アンカーボルト（スタッドボルト、突起付きボルト）の検討

接合部の設計は、せん断力をスタッドボルトで負担し、曲げモーメントを突起付きボルトで負担するものとする。

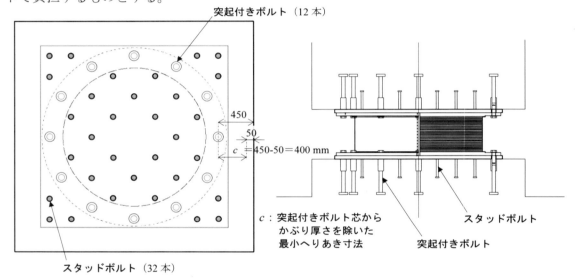

図 4.3.7 突起付きボルト・スタッド配置図及び断面図

① せん断力に対する検討

a) 設計用せん断力の算定

全スタッドボルトで均等にせん断力を負担するものとして算定する。

スタッドボルト本数：$n_b = 32$ 本

$q_d = Q_d/n_b = 1,117.3/32 = 34.9$ kN/本

b) 短期許容せん断力の算定

$q_a = \min(q_{a1}, \ q_{a2}, \ q_{a3})$

ⅰ) スタッドボルトのせん断降伏強度により決まる場合の短期許容せん断力(q_{a1})

$q_{a1} = \phi_1 \times {}_s\sigma_{qa} \times {}_{sc}a = 1.0 \times 0.7 \times 235 \times 380 \times 10^{-3} = 62.5$ kN/本

ⅱ) コンクリート躯体の支圧強度により決まる場合の短期許容せん断力(q_{a2})
$$q_{a2}=\phi_2 \times {}_c\sigma_{qa} \times {}_{sc}a=\phi_2 \times 0.5\sqrt{F_c \times E_c} \times {}_{sc}a = 2/3 \times 450.0 \times 380 \times 10^{-3}=114.0 \text{ kN/本}$$
$${}_c\sigma_{qa}=0.5\sqrt{F_c \times E_c}=0.5 \times 900 = 450.0$$
$$(\because \sqrt{F_c \times E_c}=\sqrt{48 \times 29,816}=1,196.3 > 900 \text{ より、} \sqrt{F_c \times E_c}=900)$$
$$E_c=3.35 \times 10^4 \times (\gamma_c/24)^2 \times (F_c/60)^{1/3}=3.35 \times 10^4 \times (23.5/24)^2 \times (45/60)^{1/3}=29,816 \text{ N/mm}^2$$

ⅲ) コンクリート躯体の側面コーン状破壊により決まる場合の短期許容せん断力(q_{a3})
$$q_{a3}=\phi_2 \times {}_c\sigma_t \times A_{qc}=\phi_2 \times 0.31\sqrt{F_c} \times A_{qc}=2/3 \times 0.31\sqrt{48} \times 251,327 \times 10^{-3}=359.9 \text{ kN}$$
$$A_{qc}=0.5 \times \pi \times c^2=0.5 \times 3.14 \times 400^2=251,327 \text{ mm}^2$$

ⅳ) 有効埋め込み長さの検討

　　ベースプレートの剛性が十分あり、押さえ効果があるため、検討を省略する。

　以上より、スタッドボルトの短期許容せん断力は、
$$q_a=\min(q_{a1},\ q_{a2},\ q_{a3})=\min(62.5,\ 114.0,\ 359.9)=62.5 \text{ kN/本}$$

② 引張力に対する検討
a) 設計引張力の算定

取付けボルトと同じ最大引張力が作用するとして、設計引張力を設定する。
$$T_{bD}=T_{max}=41.6 \text{ kN/本}$$

b) 短期許容引張力の算定
$$P_a=\min(P_{a1},\ P_{a2},\ P_{a3})$$

ⅰ) 突起付きボルト軸部の降伏により決まる場合の短期許容引張力(P_{a1})

　　長ナットと突起付きボルトの軸部有効断面積
$${}_{sc}a=\min\left[\frac{(65^2-36^2) \times 3.14}{4},\ 817\right]=\min[2,299,\ 817]=817 \text{ mm}^2$$
$$P_{a1}=\phi_1 \times {}_s\sigma_y \times {}_{sc}a=1.0 \times 235 \times 817 \times 10^{-3}=192.0 \text{ kN/本}$$

ⅱ) コンクリート躯体のコーン状破壊により決まる場合の短期許容引張力(P_{a2})

　　突起付きボルト間距離：$d_{min}=R_b \times \pi/n_b=1,550 \times \pi/12=405.8 \text{ mm}$

　　1本当たりの有効水平投影面積：
$$A_c=258,000-A_0=258,000-5,344=252,656 \text{ mm}^2$$

　　有効水平投影面積（A_0含む：計測値）：258,000mm^2

　　突起付きボルト頭部の支圧面積：
$$A_0=(D_n^2-d_b^2) \times \frac{\pi}{4}=(90^2-36^2) \times \frac{\pi}{4}=5,344 \text{ mm}^2$$
$$P_{a2}=\phi_2 \times 0.31\sqrt{F_c} \times A_c=\frac{2}{3} \times 0.31\sqrt{48} \times 252,656 \times 10^{-3}=361.8 \text{ kN}$$

図 4.3.8　有効水平投影面積

ⅲ) 突起付きボルト頭部の支圧により決まる場合の短期許容引張力(P_{a3})

突起部の支圧面積：$A_0 = (D_n^2 - d_b^2) \times \dfrac{\pi}{4} = (90^2 - 36^2) \times \dfrac{\pi}{4} = 5,344 \text{ mm}^2$

$$\alpha_1 = \dfrac{t_n^2}{\left(\dfrac{2D_n}{d_b}+1\right) \times \dfrac{(D_n-d_b)^2}{4}} = \dfrac{32^2}{\left(\dfrac{2 \times 90}{36}+1\right) \times \dfrac{(90-36)^2}{4}} = 0.234$$

$P_{a3} = \phi_1 \times \alpha_1 \times A_0 \times \sigma_y = 1.0 \times 0.234 \times 5,344 \times 235 \times 10^{-3} = 293.9 \text{ kN}$

以上より、突起付きボルトの短期許容引張力は、
$P_a = \min(P_{a1}, P_{a2}, P_{a3}) = \min(192.0, 361.8, 293.9) = 192.0$ kN/本

ⅳ) 突起付きボルト頭部支圧応力度の算定

頭部の支圧面積：$A_n = (D_n^2 - d_b^2) \times \pi/4 = (90^2 - 36^2) \times \pi/4 = 5,344 \text{ mm}^2$

コンクリート短期許容支圧応力度：$f_n = F_c \times \sqrt{(A_c/A_n)} = F_c \times 6$

（∵ $\sqrt{(A_c/A_n)} = \sqrt{(252,656/5,344)} = 6.88 > 6$　より　$\sqrt{(A_c/A_n)} = 6$）

$P_a/A_n = 192.0 \times 10^{-3}/5,344 = 35.9 \text{ N/mm}^2 \leqq f_n = 48 \times 6 = 288 \text{ N/mm}^2$　O.K

③ 検討結果

a) せん断力に対する検定

スタッドボルトの設計せん断力(q_d)が、短期許容せん断力(q_a)以下であることを確認した。

$q_d = 34.9$ kN/本　＜　$q_a = 62.5$ kN/本　　OK

b) 引張力に対する検定

突起付きボルトの設計引張力(T_{bD})が、短期許容引張力(P_a)以下であることを確認した。

$T_{bD} = 41.6$ kN/本　＜　$P_a = 192.0$ kN/本　　OK

6) フランジプレートの検討

① ボルトの最大引張力時に発生するフランジプレートの曲げ応力度の算定

ボルト孔中心と内部鋼板の外縁との距離
$X_b = (1,550 - 1,300)/2 = 125$ mm

曲げ検討断面位置における曲げモーメント
$M_f = T_{max} \times X_b = 41.6 \times 0.125 = 5.20$ kNm

曲げ検討断面位置における断面係数
$Z_f = 2 \times X_b \times \dfrac{t_f^2}{6} = 2 \times 125 \times \dfrac{32^2}{6} = 42,667 \text{ mm}^3$

以上より、フランジプレートの曲げ応力度は、
$\sigma_f = \dfrac{M_f}{Z_f} = \dfrac{5.20 \times 10^6}{42,667} = 121.9 \text{ N/mm}^2$

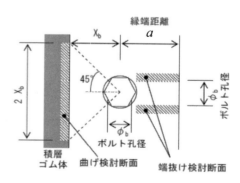

図4.3.9　検討断面図

② 端抜けに対するせん断応力度の算定

$$\tau_f = \frac{Q_b}{2 \times (a - \phi_b/2) \times t_f} = \frac{93.1 \times 10^3}{2 \times (75 - 39/2) \times 32} = 26.2 \text{ N/mm}^2$$

$Q_b = 93.1$ kN/本

取付けボルトの縁端距離： $a = (R_f - R_b)/2 = (1,700 - 1,550) = 75$ mm

ボルト孔径： $\phi_b = 39$ mm

③ 検討結果

a) 曲げ応力度に対する検定

$\sigma_f = 121.9$ N/mm² $\leqq$ $f_b = 235$ N/mm² 　　OK

b) せん断応力度に対する検定

$\tau_f = 26.2$ N/mm² $\leqq$ $f_s = 135$ N/mm² 　　OK

7) 圧縮力に対する検討

　　最大圧縮応力(N_d)に対して、積層ゴムアイソレータ直下の支圧応力度(σ_c)がコンクリートの短期許容支圧応力度(f_n)以下であることを確認する。

① 積層ゴムアイソレータ直下の支圧応力度(σ_c)の算定

$$\sigma_c = \frac{N_d}{A_1} = 19.2 \text{ N/mm}^2$$

② 取付け躯体コンクリートの短期許容支圧応力度(f_n)の算定

取付け躯体の支承面積($_nA_c$)：

$D_B = D_c + H \times 2 = 1,428 + 400 \times 2 = 2,228$ mm $< B$ より、

$_nA_c = [2 \times cos^{-1}(\delta/D_B) - sin\{2 \times cos^{-1}(\delta/D_B)\}] \times D_B^2/4$

　　　$= [2 \times cos^{-1}(400/2,228) - sin\{2 \times cos^{-1}(400/2,228)\}] \times 2,228^2/4$

　　　$= 3,012 \times 10^3$ mm²

コンクリートの短期許容支圧応力度：

$$f_n = \frac{2}{3} \times F_{no} \times \sqrt{(_nA_c/A_1)} = \frac{2}{3} \times 1.8 F_c^{(0.8 - F_c/2000)} \times 1.70 = \frac{2}{3} \times 1.8 \times 45^{(0.8 - 45/2000)} \times 1.70 = 41.1 \text{ N/mm}^2$$

$\sqrt{(_nA_c/A_1)} = \sqrt{(3,012 \times 10^3 / 1,038 \times 10^3)} = 1.70 < 2$ 　→　$\sqrt{(_nA_c/A_1)} = 1.70$

③ 検討結果

支圧応力度に対する検定

$\sigma_c = 19.2$ N/mm² $\leqq$ $f_n = 41.1$ N/mm² 　　OK

(2) 鋼製ダンパー付き積層ゴムアイソレータ接合部の設計(φ700)

引張軸力が作用しない「鋼製ダンパー付き積層ゴムアイソレータ」について接合部の設計例を示す。接合部は、スタッドボルト＋突起付きボルト併用とする。せん断力をスタッドボルトで負担し、曲げモーメントを突起付きボルトで負担するものとする。本設計ではゴム総厚×250%の変形に対して、免震部材の接合部が短期許容応力度以下であることを確認する。

設計応力算定の際、各種ボルトの引張力には接合部の軸力(N_d)を考慮せず、フランジプレート及び取付け躯体の圧縮力には接合部の軸力(N_d)を考慮する。算定方法は平面保持の仮定により、取付けボルトがフランジプレート内に等分布している円形断面柱として、軸力と曲げモーメントの釣合い条件から算出する。

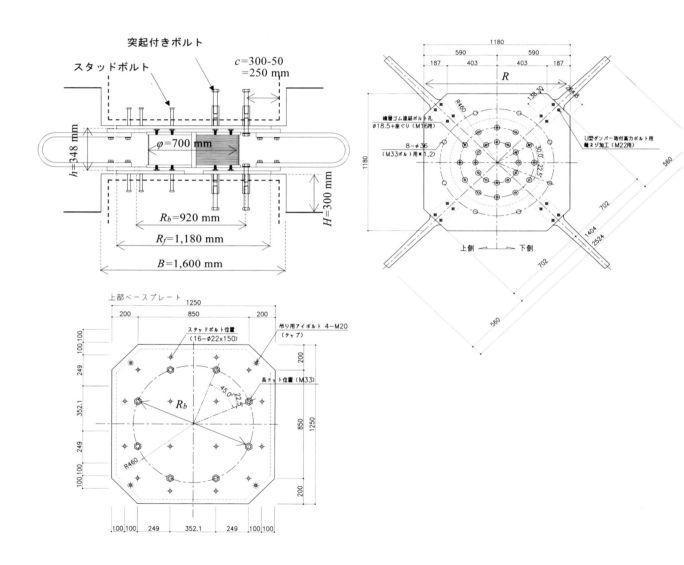

図 4.3.10 鋼製ダンパー付き積層ゴムアイソレータ概要図（断面図、ボルト配置図）[*4-13]

1) 諸　元
   ① 免震部材
   　　　鋼製ダンパー付き積層ゴムアイソレータ
   　　　　内部ゴムのせん断弾性率：$G=0.385 \text{N/mm}^2$
   　　　　ゴム外径　　　　：$\varphi=700$ mm　（被覆ゴム含まず）
   　　　　　（有効断面積：$A_r=3.846\times10^5 \text{ mm}^2$）
   　　　　ゴム総厚　　　　：$h_r=137.8$ mm
   　　　　高さ　　　　　　：$h=348$ mm
   　　　　ダンパー形式名：UD45R×4
   　　　フランジプレート（材質：SS400）
   　　　　外径　　　　　　：$R_f=1,180$ mm
   　　　　半径　　　　　　：$r=590$ mm
   　　　　板厚　　　　　　：$t_f=32$ mm
   　　　　ボルト孔径　　　：$\phi_b=36$ mm
   　　　ベースプレート
   　　　　板厚　　　　　　：$t_b=32$ mm

   ② 各種ボルト
   　　　取付けボルト：8－M33（軸部径　33 mm）
   　　　　基準強度　　　　　　　　：強度区分 6.8（長期許容引張応力度　280 N/mm^2）
   　　　　JIS 有効断面積　　　　　：$a_{e1}=694 \text{ mm}^2$
   　　　　全軸部断面積　　　　　　：$a_g=8\times694=5,552 \text{ mm}^2$
   　　　　ボルト間距離　　　　　　：$R_b=920$ mm
   　　　　ボルト孔中心間距離　　　：$r'=R_b/2=460$ mm
   　　　　ボルト縁端距離　　　　　：$d_c=d_t=(R_f-R_b)/2=(1,180-920)/2=130$ mm
   　　　　ボルト縁端距離（法線方向）：$a=(1,180-920)/2=130$ mm

突起付きボルト：8－M33（材質：SS400）
　　ボルト軸部径　　　　　　：d_b＝33 mm
　　頭部の径　　　　　　　　：D_n＝85 mm（≧2.5×d_b＝82.5 mm）
　　頭径部の出寸法　　　　　：D_a＝(D_n－d_b)/2＝(85－33)/2＝26 mm
　　有効長さ　　　　　　　　：h_b＝230 mm（＞8×D_a＝208 mm）
　　定着板厚　　　　　　　　：t_n＝19 mm
　　長ナット軸部径　　　　　：d_n＝50 mm
　　頭部から横筋までの長さ：L_e＝300 mm
　　（取付け躯体面から横筋までを50mmとしている。）
　　ボルト高さ　　　　　　　：L＝350 mm（＝230+120＝350 mm）
　　（頭部の板厚を除く、突起付きボルト高さと長ナット高さを足し合わせた高さ）

スタッドボルト：16－φ22（材質：400級）
　　ボルト軸部径　　　　　　：d_b＝22 mm
　　有効断面積　　　　　　　：a_{e4}＝(d_b/2)^2×π＝(22/2)^2×π＝380 mm^2
　　有効長さ　　　　　　　　：L_e＝200 mm

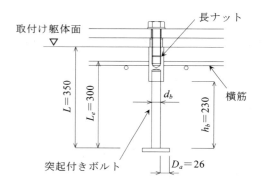
図 4.3.11　突起付きボルト軸部形状

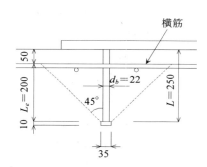
図 4.3.12　スタッドボルト詳細図

③ 取付け躯体

 コンクリートの設計基準強度：F_c30
 取付け躯体幅　　　　　　　：$B=1,600$ mm
 スタッドボルトから横筋までの最小へりあき寸法：$c=300-50=250$ mm
（取付け躯体面から横筋までを 50mm としている。）
 取付け躯体高さ　　　　　　：$H=300$ mm

2) 設計条件

① 水平変形

 ゴム総厚×250%の変形　：$\delta=137.8\times2.5=344.5$ mm

② 水平性能と特性変動

 せん断剛性（標準値）　：$K=1.090\times10^3$ kN/m

表 4.3.2 設計基準値に対する変動要因と特性変動（プラス側）

変動要因	特性変動 アイソレータ部：$_i\alpha$
製品のばらつき	+20%
経年変化（60 年後）	+10%
環境温度変化（0℃／20℃）	+5%
周期依存性（2.8 秒／静的）	―
合計	+35%

※鋼製ダンパーの特性変動は、試験データのばらつき（製造ばらつきを含む）を考慮して統計的に定めたメーカーの資料[4-11]より設定する。

③ 面圧

 長期面圧：$\sigma_L=10$ N/mm^2
 短期面圧：$\sigma_S=15$ N/mm^2（上下動考慮）

3) 免震部材に生じる応力
① 設計用せん断力(Q_d)の設定

鋼製ダンパー付き積層ゴムアイソレータに生じるせん断力は、積層ゴムアイソレータ部と鋼製ダンパー部に分けて算出し、その合計を設計用せん断力とする。

a) 積層ゴムアイソレータ部に生じるせん断力

$$_iQ = K \times \delta \times (1+_i\alpha) = 1,090 \times 0.3445 \times (1+0.35) = 507 \text{ kN}$$

b) 鋼製ダンパー部に生じるせん断力

接合部の設計用荷重 Q_d については、別置き U 型ダンパーの試験データより、ばらつき（製造ばらつき含む）を考慮して統計的に定めたメーカーの資料[4-11]より設定する。図4.3.13 にメーカーが示す設計用荷重と復元力の関係説明図を示す。

設計変形 δ　（δ_a）＝450mm

設計荷重 Qd　（$_dQ_a$）＝286kN

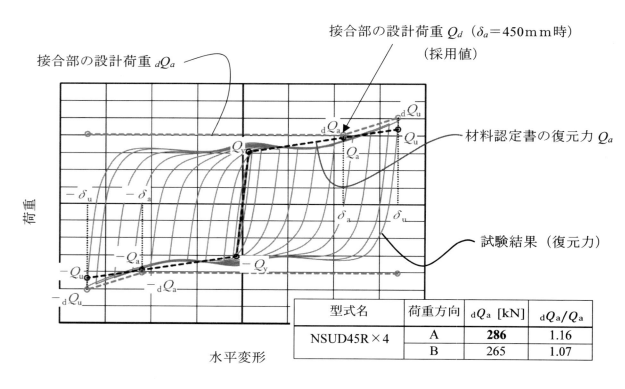

図4.3.13 設計用荷重と復元力の関係（概要図）[4-11]

c) 免震部材に生じるせん断力

　　積層ゴムアイソレータ部に生じるせん断力と鋼製ダンパー部に生じるせん断力の合計は、

$$Q_d = {}_iQ + {}_dQ = 507+286 = 793 \text{ kN}$$

② 設計用応力の設定
a) 取付けボルトに作用する引張力算定用
ⅰ) 設計用軸力(N_d)の算定

$$N_d = 0 \text{ kN}$$

ⅱ) フランジプレート面に作用する曲げモーメント(M_d)の算定

　　ここで曲げモーメントを求める際、地震時にアイソレータに引張力が作用しないため、設計用軸力 $N_d=0$kN として、安全側の評価で検討を行う。

$$M_d = Q_d \times \frac{h}{2} + N_d \times \frac{\delta}{2} = 793 \times \frac{348}{2} \times 10^{-3} + 0 \times \frac{344.5}{2} \times 10^{-3} = 138 \text{ kNm}$$

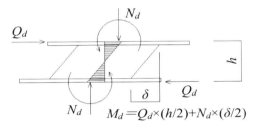

図 4.3.14 積層ゴムアイソレータの水平変形時外力

b) 取付け躯体に作用する圧縮力算定用
　ⅰ）設計用軸力(N_d)の算定
$$N_d = N_L + (N_{E1} + N_{E2}) = A_r \times \sigma_S = 5,770 \text{ kN}$$
　　　　N_{E1}：水平地震動により接合部に作用する軸力の大きさ
　　　　N_{E2}：上下地震動により接合部に作用する軸力の大きさ

③ 取付けボルト、フランジプレートおよび取付け躯体に作用する応力度の算定
　　平面保持の仮定により、取付けボルトがフランジプレート内に等分布している円形断面柱として、軸力と曲げモーメントの釣合い条件から算出する。
　　ヤング係数比（$n_E = \phi_E \times \frac{E_s}{E_c}$）は、$\phi_E = 1.5$ として、コンクリート設計基準強度に応じたコンクリートのヤング係数から求める。ヤング係数比(n_E)は以下の数値とする。
$$n_E = 1.5 \times \frac{E_s}{E_c} = 1.5 \times \frac{205,000}{24,400} = 12.6$$

a) 取付けボルトに作用する引張応力度の算定（$N_d = 0$）
　　中立軸が断面内にあるものとして、$S_n = 0$ となるように算定する。
　ⅰ）中立軸の算定（式4.8 より）
　　　　$\theta = 1.004 \, rad = 57.5°$
　　　　$sin\theta = 0.843$
　　　　$cos\theta = 0.537$
　　　　$x_n = r \times (1 - cos\theta) = 273 \text{ mm}$ （$0 \leq x_n \leq R_f = 1,180$ mm）

　ⅱ）断面二次モーメントの算定（式4.9 より）
$$I_n = r^4 \times \left\{\theta \times \left(\frac{1}{4} + cos^2\theta\right) - sin\theta cos\theta \times \left(\frac{13}{12} + \frac{1}{6} \times cos^2\theta\right)\right\} + n_E \times r^2 \times a_g \times \left\{\frac{1}{2} \times \left(\frac{r'}{r}\right)^2 + cos^2\theta\right\}$$
$$= 590^4 \times \left\{1.004 \times \left(\frac{1}{4} + 0.537^2\right) - 0.843 \times 0.537 \times \left(\frac{13}{12} + \frac{1}{6} \times 0.537^2\right)\right\} + 12.6 \times 590^2 \times 5,552 \times \left\{\frac{1}{2} \times \left(\frac{460}{590}\right)^2 + 0.537^2\right\}$$
$$= 1.79 \times 10^{10} \text{ mm}^4$$

ⅲ）取付けボルトの応力度の算定（圧縮を正）（式 4.12 より）

$$_{BOLT}\sigma_1 = n_E \times (x_n - d_c) \times \frac{M_d}{I_n} = 12.6 \times (273 - 130) \times \frac{138 \times 10^6}{1.79 \times 10^{10}} = 13.9 \text{ N/mm}^2$$

$$_{BOLT}\sigma_2 = n_E \times (x_n + d_t - R_f) \times \frac{M_d}{I_n} = 12.6 \times (273 + 130 - 1,180) \times \frac{138 \times 10^6}{1.79 \times 10^{10}} = -75.5 \text{ N/mm}^2$$

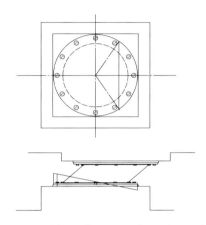
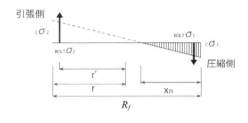

図 4.3.15 取付けボルトに作用する引張力　　図 4.3.16 取付けボルト位置の引張応力度
（中立軸が断面内にある場合）

b) 取付け躯体に作用する支圧応力度の算定

ⅰ）積層ゴムアイソレータ直下の支圧応力度の算定

圧縮応力を負担する支圧面積(A_1)は、アイソレータが水平変形した場合にアイソレータ最上端と最下端の水平投影面積が重複する範囲から、フランジプレート厚さとベースプレート厚さの合計分を拡大した面積とする。

$$A_1 = \left[2 \times cos^{-1}\left(\frac{\delta}{D_c}\right) - sin\left\{2 \times cos^{-1}\left(\frac{\delta}{D_c}\right)\right\}\right] \times \frac{D_c^2}{4}$$

$$= \left[2 \times cos^{-1}\left(\frac{344.5}{828}\right) - sin\left\{2 \times cos^{-1}\left(\frac{344.5}{828}\right)\right\}\right] \times \frac{828^2}{4}$$

$$= 261{,}668 \text{ mm}^2$$

$$D_c = \varphi + 2t_f + 2t_b = 700 + 2 \times 32 + 2 \times 32 = 828 \text{ mm}$$

$$\sigma_c = \frac{N_d}{A_1} = \frac{5{,}770 \times 10^3}{261{,}668} = 22.1 \text{ N/mm}^2$$

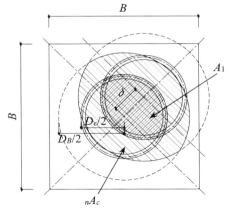

図 4.3.17 支圧応力度算定用面積(A_1)

4) 取付けボルトの検討
 ① 設計引張力の算定

　　取付けボルト位置の引張応力度 $_{BOLT}\sigma_2$ から算定した、ボルトの最大引張力を設計引張力とする。

$$T_{bD}=T_{max}={_{BOLT}\sigma_2}\times a_{e1}=75.5\times 694\times 10^{-3}=52.4 \text{ kN/本}$$

 ② 設計せん断力の算定

　　取付けボルト全本数で設計用せん断力(Q_d)を負担するものとする。

　　取付けボルト本数 $n_b=8$ 本

$$Q_b=\frac{Q_d}{n_b}=\frac{793}{8}=99.1 \text{ kN/本}$$

 ③ 検定結果

　　引張力とせん断力の組合せで検討する。

　　取付けボルトの短期許容引張力

$$T_a=1.5\times f_t\times a_{e1}=1.5\times 280\times \frac{694}{1,000}=291.5 \text{ kN/本}$$

　　取付けボルトの短期許容せん断力

$$q_a=1.5\times \frac{f_t}{\sqrt{3}}\times a_{e1}=1.5\times \frac{280}{\sqrt{3}}\times \frac{694}{1,000}=168.3 \text{ kN/本}$$

$$\sqrt{(T_{bD}/T_a)^2+(Q_b/q_a)^2}=\sqrt{(52.4/291.5)^2+(99.1/168.3)^2}=0.62 \leqq 1.0 \text{ OK}$$

5) 各種アンカーボルト（スタッドボルト、突起付きボルト）の検討

　　接合部の設計は、せん断力をスタッドボルトで負担し、曲げモーメントを突起付きボルトで負担するものとする。

 ① せん断力に対する検討
  a) 設計用せん断力の算定

　　全スタッドボルトで均等にせん断力を負担するものとして算定する。

　　スタッドボルト本数：$n_b=16$ 本

$$q_d=Q_d/n_b=793/16=49.6 \text{ kN/本}$$

  b) 短期許容せん断力の算定

$$q_a=\min(q_{a1}, q_{a2}, q_{a3})$$

　ⅰ) スタッドボルトのせん断降伏強度により決まる場合の短期許容せん断力(q_{a1})

$$q_{a1}=\phi_1\times {_s\sigma_{qa}}\times {_{sc}a}=1.0\times 0.7\times 235\times 380\times 10^{-3}=62.5 \text{ kN/本}$$

ⅱ) コンクリート躯体の支圧強度により決まる場合の短期許容せん断力(q_{a2})

$q_{a2} = \phi_2 \times {_c\sigma_{qa}} \times {_{sc}a} = \phi_2 \times 0.5\sqrt{F_c \times E_c} \times a_{e4} = 2/3 \times 0.5 \times 856 \times 380 \times 10^{-3} = 108.4$ kN/本

${_c\sigma_{qa}} = \sqrt{F_c \times E_c} = \sqrt{30 \times 24{,}419} = 856$ N/mm^2 ≦ 900 N/mm^2

$E_c = 3.35 \times 10^4 \times (\gamma_c/24)^2 \times (F_c/60)^{1/3} = 3.35 \times 10^4 \times (23/24)^2 \times (30/60)^{1/3} = 24{,}419$ N/mm^2

ⅲ) コンクリート躯体の側面コーン状破壊により決まる場合の短期許容せん断力(q_{a3})

$q_{a3} = \phi_2 \times {_c\sigma_t} \times A_{qc} = \phi_2 \times 0.31\sqrt{F_c} \times A_{qc} = 2/3 \times 0.31\sqrt{30} \times 98{,}125 \times 10^{-3} = 111.1$ kN/本

$A_{qc} = 0.5 \times \pi \times c^2 = 0.5 \times 3.14 \times 250^2 = 98{,}125$ mm^2

ⅳ) 有効埋込み長さの検討

　　ベースプレートの剛性が十分あり、押さえ効果があるため検討を省略する。

　以上より、スタッドボルトの短期許容せん断力は、

$q_a = \min(q_{a1}, q_{a2}, q_{a3}) = \min(62.5, 108.4, 111.1) = 62.5$ kN/本

② 引張力に対する検討

a) 設計引張力の算定

　取付けボルトと同じ最大引張力が作用するとして、設計引張力を設定する。

$T_{bD} = T_{max} = 52.4$ kN/本

b) 短期許容引張力の算定

$P_a = \min(P_{a1},\ P_{a2},\ P_{a3})$

ⅰ) 突起付きボルト軸部の降伏により決まる場合の短期許容引張力(P_{a1})

　　長ナットと突起付きボルトの軸部有効断面積：

$_{sc}a = \min\left[\dfrac{(50^2 - 33^2) \times 3.14}{4},\ 694\right] = \min[1{,}107,\ 694] = 694$ mm^2

$P_{a1} = \phi_1 \times \sigma_y \times {_{sc}a} = 1.0 \times 235 \times 694 \times 10^{-3} = 163.1$ kN/本

ⅱ) コンクリート躯体のコーン状破壊により決まる場合の短期許容引張力(P_{a2})

　　突起付きボルト間距離：$d_{min} = R_b \times \pi/n_b = 920 \times \pi/8 = 361$ mm

　　投影面の重なり面積：

$S = r_n^2 \times (\theta - \sin\theta) = 342.5^2 \times \{2.03 - \sin(2.03)\} = 133{,}057$ mm^2

$r_n = L_e + D_n/2 = 300 + 85/2 = 342.5$ mm

$\theta = 2\cos^{-1}(d_{min}/2/r_n) = 2\cos^{-1}(361/2/342.5) = 2.03$

　　コーン状破壊面の有効水平投影面積：

$A_c = \pi \times L_e \times (L_e + D_n) - S = \pi \times 300 \times (300 + 85) - 133{,}057 = 229{,}797$ mm^2

$P_{a2} = \phi_2 \times 0.31\sqrt{F_c} \times A_c = \dfrac{2}{3} \times 0.31\sqrt{30} \times 229{,}797 \times 10^{-3} = \dfrac{2}{3} \times 370 = 260.1$ kN/本

ⅲ) 突起付きボルト頭部の支圧により決まる場合の短期許容引張力(P_{a3})

突起部の支圧面積：
$$A_0 = (D_n^2 - d_b^2) \times \frac{\pi}{4} = (85^2 - 33^2) \times \frac{3.14}{4} = 4,817 \text{ mm}^2$$

$$\alpha_1 = \frac{t_n^2}{\left(\frac{2D_n}{d_b}+1\right) \times \frac{(D_n - d_b)^2}{4}} = \frac{19^2}{\left(\frac{2 \times 85}{33}+1\right) \times \frac{(85-33)^2}{4}} = 0.0868$$

$$P_{a3} = \phi_1 \times \alpha_1 \times A_0 \times \sigma_y = 1.0 \times 0.0868 \times 4,817 \times 235 \times 10^{-3} = 98.3 \text{ kN/本}$$

以上より、突起付きボルトの短期許容引張力は、

$P_a = \min(P_{a1}, P_{a2}, P_{a3}) = \min(163.1, 260.1, 98.3) = 98.3$ kN/本

ⅳ) 突起付きボルト頭部支圧応力度の算定

頭部の支圧面積：$A_n = (D_n^2 - d_b^2) \times \frac{\pi}{4} = (85^2 - 33^2) \times \frac{\pi}{4} = 4,819 \text{ mm}^2$

コンクリート短期許容支圧応力度：$f_n = F_c \times \sqrt{(A_c/A_n)} = F_c \times 6$

$(\because \sqrt{(A_c/A_n)} = \sqrt{(229,797/4,819)} = 6.91 > 6$ より $\sqrt{(A_c/A_n)} = 6)$

$P_a/A_n = 98.3 \times 10^{-3}/4,819 = 20.4$ N/mm² $\leqq f_n = 30 \times 6 = 180$ N/mm²　O.K

③ 検討結果

a) せん断力に対する検定

スタッドボルトの設計せん断力(q_d)が、短期許容せん断力(q_a)以下であることを確認した。

$q_d = 49.6$ kN/本　$\leqq$　$q_a = 62.5$ kN/本　　OK

b) 引張力に対する検定

突起付きボルトの設計引張力(T_{bD})が、短期許容引張力(P_a)以下であることを確認した。

$T_{bD} = 52.4$ kN/本　$\leqq$　$P_a = 98.3$ kN/本　　OK

6) フランジプレートの検討
 ① ボルトの最大引張力時に発生するフランジプレートの曲げ応力度の算定

ボルト孔中心と内部鋼板の外縁との距離：
$$X_b = (920 - 700)/2 = 110 \text{ mm}$$

曲げ検討断面位置における曲げモーメント：
$$M_f = T_{max} \times X_b = 52.4 \times 0.11 = 5.76 \text{ kNm}$$

曲げ検討断面位置における断面係数：
$$Z_f = 2X_b \times \frac{t_f^2}{6} = 2 \times 110 \times \frac{32^2}{6} = 37,547 \text{ mm}^3$$

以上より、フランジプレートの曲げ応力度は、
$$\sigma_f = \frac{M_f}{Z_f} = \frac{5.76 \times 10^6}{37,547} = 153.4 \text{ N/mm}^2$$

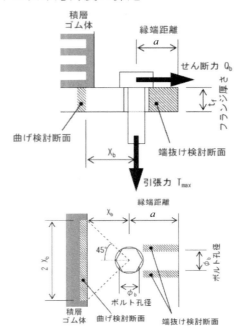

図 4.3.18 検討断面図

 ② 端抜けに対するせん断応力度の算定

取付けボルトの縁端距離：
$$a = (R_f - R_b)/2 = (1,180 - 920)/2 = 130 \text{ mm}$$

取付けボルト1本に作用するせん断力：
$$Q_b = Q_d / n_b = 793/8 = 99.1 \text{ kN/本}$$

ボルト孔径：$\phi_b = 36$ mm

以上より、フランジプレートの端抜けに対するせん断応力度は、
$$\tau_f = \frac{Q_b}{2 \times \left(a - \frac{\phi_b}{2}\right) \times t_f} = \frac{99.1 \times 10^3}{2 \times \left(130 - \frac{36}{2}\right) \times 32} = 13.8 \text{ N/mm}^2$$

 ③ 検討結果
　a) 曲げ応力度に対する検定
$$\sigma_f = 153.4 \text{ N/mm}^2 \leqq f_b = 235 \text{ N/mm}^2 \quad\quad \text{OK}$$
　b) せん断応力度に対する検定
$$\tau_f = 13.8 \text{ N/mm}^2 \leqq f_s = 135 \text{ N/mm}^2 \quad\quad \text{OK}$$

7) 圧縮応力に対する検討

最大圧縮応力(N_d)に対して、積層ゴムアイソレータ直下の支圧応力度(σ_c)がコンクリートの短期許容支圧応力度(f_n)以下であることを確認する。

① 積層ゴムアイソレータ直下の支圧応力度(σ_c)の算定
$\sigma_c = N_d/A_1 = 5,770 \times 10^3 / 261,668 = 22.1$ N/mm^2

② 取付け躯体コンクリートの短期許容支圧応力度(f_n)の算定

$f_n = 2/3 \times F_{no} \times \sqrt{_nA_c/A_1}$ （ただし、$\sqrt{_nA_c/A_1} \leq 2.0$)
$= 2/3 \times 1.8 \times F_c^{(0.8-F_c/2000)} \times \sqrt{_nA_c/A_1}$
$= 2/3 \times 1.8 \times 30^{(0.8-30/2000)} \times 2.0$
（∵ $\sqrt{_nA_c/A_1} = \sqrt{1,114,440/261,668} = 2.06 > 2.0$ より $\sqrt{_nA_c/A_1} = 2.0$）
$= 34.7$ N/mm^2

ここで、 F_{no}：コンクリートの短期許容支圧応力度(f_n)の算定
$_nA_c$：支承面積
$D_B \leq B$ より、$_nA_c$ は次式から求まる。
$_nA_c = [2 \times \cos^{-1}(\delta/D_B) - \sin\{2 \times \cos^{-1}(\delta/D_B)\}] \times D_B^2/4$
$= [2 \times \cos^{-1}(344.5/1,428) - \sin\{2 \times \cos^{-1}(344.5/1,428)\}] \times 1,428^2/4$
$= 1,114,440$ mm^2
$D_B = D_c + H \times 2 = 828 + 300 \times 2 = 1,428$ mm^2

③ 検討結果

支圧応力度に対する検定
$\sigma_c = 22.1$ N/mm^2 $\leq$ $f_n = 34.7$ N/mm^2 　　　OK

(3) 鉛プラグ入り積層ゴムアイソレータ接合部の設計（φ800）

引張軸力が作用しない鉛プラグ入り積層ゴムアイソレータについて、接合部の設計例を示す。接合部はアンカーボルト形式とする。接合部に生じる曲げモーメントによる引張力およびせん断力はアンカーボルトで負担し、躯体に伝達するものとする。極めて稀に発生する地震動の応答変位量に対して、各部材が短期許容応力度以下であることを確認する。

設計応力算定の際、各種ボルトの引張力には接合部の軸力(N_d)を考慮せず、フランジプレートおよび取付け躯体の圧縮力には接合部の軸力(N_d)を考慮する。算定方法は平面保持の仮定により、取付けボルトがフランジプレート内に等分布している円形断面柱として軸力と曲げモーメントの釣合い条件から算出する。

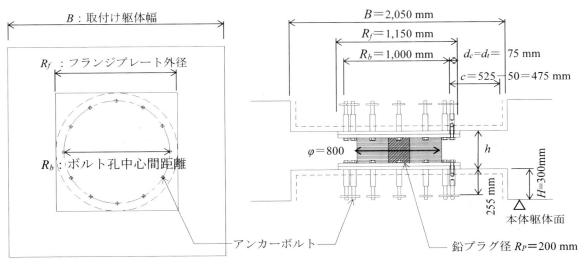

図4.3.19 鉛プラグ入り積層ゴムアイソレータ概要図 （断面図、ボルト配置図）

1) 諸 元
   ① 免震部材
   鉛プラグ入り積層ゴム
     内部ゴムのせん断弾性率：$G=0.385\text{N/mm}^2$
     ゴム外径　　　：$\varphi=800$ mm　（被覆ゴム含まず）
     　　　　　　　（有効断面積：$A_r=4.712\times10^5\text{mm}^2$）
     鉛プラグ径　　：$R_p=200$ mm
     ゴム総厚　　　：$h_r=5.4\text{mm}\times30$層$=162$ mm
     高さ　　　　　：$h=369.6$ mm
   フランジプレート（材質：SS400）
     外径　　　　　：$R_f=1,150$ mm
     半径　　　　　：$r=575$ mm
     板厚　　　　　：$t_f=32$ mm
     ボルト孔径　　：$\phi_b=33$ mm
   ベースプレート
     板厚　　　　　：$t_b=32$ mm

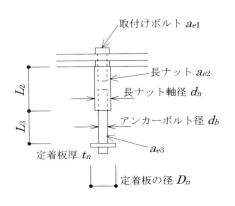

図4.3.20 アンカーボルト諸元

② 各種ボルト
　　取付けボルト：12－M30（軸部径　30 mm）
　　　　基準強度　　　　　　　　　：強度区分 6.8（長期許容引張応力度　280 N/mm²）
　　　　有効断面積　　　　　　　　：a_{e1}＝561 mm²
　　　　全軸部断面積　　　　　　　：a_g＝a_{e1}×12＝6,732 mm²
　　　　ボルト孔中心間距離　　　　：R_b＝1,000 mm
　　　　ボルト孔中心半径　　　　　：r'＝R_b/2＝500 mm
　　　　ボルト縁端距離　　　　　　：d_c＝d_t＝(R_f－R_b)/2＝(1,150－1,000)/2＝75 mm
　　　　ボルト縁端距離（法線方向）：a＝(1,150－1,000)/2＝75 mm
　　アンカーボルト（材質：SNR490B）
　　　　定着板付きボルト軸部径　　：d_b＝30 mm
　　　　長ナット軸径　　　　　　　：d_n＝46 mm
　　　　長ナット長さ　　　　　　　：L_2＝150 mm
　　　　軸部有効断面積　　　　　　：$_{sc}a$＝(d_n^2－d_b^2)×π/4＝955 mm²
　　　　長ナットの有効断面積　　　：a_{e2}＝(d_n/2)²×π＝1,662 mm²
　　　　連結ボルト縁端距離　　　　：l＝175 mm
　　　　軸部の有効長さ　　　　　　：L_3＝105 mm（≧3.5d_b＝105 mm）
　　　　軸部有効断面積　　　　　　：a_{e3}＝561 mm²
　　　　定着板径　　　　　　　　　：D_n＝120 mm（＞2.5d_b＝75 mm）
　　　　定着板厚　　　　　　　　　：t_n＝35 mm（材質：SS400）
③ 取付け躯体（梁上立上り）
　　コンクリートの設計基準強度：F_c36
　　取付け躯体幅　　　　　　　：B＝2,050 mm
　　アンカーボルト芯からかぶり厚さを除いた最小へりあき寸法：
　　　　　　　　　　　　　　　　c＝(B－R_b)/2－50＝525－50＝475 mm
　　取付け躯体高さ　　　　　　：H＝300 mm

2) 設計条件
① 水平変形：$\delta=405$ mm（$\gamma=250\%$）
② 水平性能と特性変動

　　切片荷重：$Q_y=160$ kN

　　二次剛性：$K_d=1.22\times10^3$ kN/m

切片荷重、二次剛性それぞれについて製品のばらつき*、経年変化、環境温度変化を考慮し、以下の特性変動を考慮する。

表 4.3.3 設計基準値に対する変動要因と特性変動（プラス側）

変動要因	特性変動 切片荷重 Q_y	特性変動 二次剛性 K_d
製品のばらつき	+20%	+20%
経年変化（60年後）	±0%	+10%
環境温度変化（0℃／20℃）	+23%	+6%
合計	+43%	+36%

＊：製品のばらつきについては個々の製品のばらつきにおける最大変動幅を採用した。

③ 面圧

　　長期面圧：$\sigma_L=10$ N/mm^2

　　短期面圧：$\sigma_S=20$ N/mm^2（上下動考慮）

3) 免震部材に生じる応力
① 設計せん断力(Q_d)の設定

鉛プラグ入り積層ゴムは鉛に依存する明確な降伏点のある免震部材であるため、切片荷重(Q_y)と二次剛性(K_d)それぞれについて特性変動を考慮して、設計せん断力(Q_d)を求める。

$\delta=405$mm のとき、切片荷重(Q_y)が+43%、2次剛性(K_d)が+36%変動するとして

$Q_d=Q_y\times1.43+K_d\times1.36\times\delta=160\times1.43+(1.22\times10^3\times1.36)\times0.405=900.8$ kN

② 設計用応力の設定
a) 取付けボルトに作用する引張力算定用
ⅰ) 設計用軸力(N_d)の算定

　　$N_d=0$ kN

ⅱ) フランジプレート面に作用する曲げモーメント(M_d)の算定

ここで曲げモーメントを求める際、P－Δ効果による付加曲げモーメントは考慮しない。地震時にアイソレータに引張力が作用しないため、設計用軸力 $N_d=0$kN として、安全側の評価で検討を行う。

$M_d=Q_d\times\dfrac{h}{2}+N_d\times\dfrac{\delta}{2}=900.8\times\dfrac{369.6}{2}\times10^{-3}+0\times\dfrac{405}{2}\times10^{-3}=166.5$ kN·m

b) フランジプレート、取付け躯体に作用する圧縮応力算定用
　ⅰ) 設計用軸力(N_d)の算定

$$N_d = N_L + (N_{E1} + N_{E2}) = A_r \times \sigma_S = 4.712 \times 10^5 \times 20 \times 10^{-3} = 9,424 \text{ kN}$$

　　　N_{E1}：水平地震動により接合部に作用する軸力の大きさ
　　　N_{E2}：上下地震動により接合部に作用する軸力の大きさ

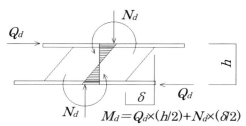

図 4.3.21　積層ゴムアイソレータの水平変形時外力

③ 取付けボルト、フランジプレートおよび取付け躯体に作用する応力度の算定

　平面保持の仮定により、取付けボルトがフランジプレート内に分布している円形断面柱として、軸力と曲げモーメントの釣合い条件から算出する。

　ヤング係数比($n_E = \phi_E \times \frac{E_s}{E_c}$)は、$\phi_E = 1.5$ として、コンクリート設計基準強度に応じたコンクリートのヤング係数から求める。ヤング係数比(n_E)は以下の数値とする。

$$n_E = \phi_E \times \frac{E_s}{E_c} = 1.5 \times \frac{205,000}{25,949} = 11.85$$

a) 取付けボルトに作用する引張応力度の算定（$N_d = 0$）
　　中立軸が断面内にあるものとして $S_n = 0$ となるように算定する。
　ⅰ) 中立軸の算定（式 4.8 より）

　　　$\theta = 1.050 \text{ rad} = 60.1°$
　　　$sin\theta = 0.867$
　　　$cos\theta = 0.498$
　　　$x_n = r \times (1 - cos\theta) = 575 \times (1 - 0.498) = 288.7 \text{ mm}$　　（$0 \leq x_n \leq R_f = 1,150$）

　ⅱ) 断面二次モーメントの算定（式 4.9 より）

$$I_n = r^4 \times \left\{\theta \times \left(\frac{1}{4} + cos^2\theta\right) - sin\theta\, cos\theta \times \left(\frac{13}{12} + \frac{1}{6} \times cos^2\theta\right)\right\} + n_E \times r^2 \times a_g \times \left\{\frac{1}{2} \times \left(\frac{r'}{r}\right)^2 + cos^2\theta\right\}$$

$$= 575^4 \times \left\{1.05 \times \left(\frac{1}{4} + 0.498^2\right) - 0.867 \times 0.498 \times \left(\frac{13}{12} + \frac{1}{6} \times 0.498^2\right)\right\}$$

$$+ 11.85 \times 575^2 \times 6,732 \times \left\{\frac{1}{2} \times \left(\frac{500}{575}\right)^2 + 0.498^2\right\} = 2.06 \times 10^{10} \text{ mm}^4$$

　ⅲ) 取付けボルト応力度の算定（圧縮を正）（式 4.12 より）

$$_{BOLT}\sigma_1 = \frac{n_E \times (x_n - d_c) \times M_d}{I_n} = \frac{11.85 \times (288.7 - 75) \times 166.5 \times 10^6}{2.06 \times 10^{10}} = 20.5 \text{ N/mm}^2$$

$$_{BOLT}\sigma_2 = \frac{n_E \times (x_n + d_t - R_f) \times M_d}{I_n} = \frac{11.85 \times (288.7 + 75 - 1,150) \times 166.5 \times 10^6}{2.06 \times 10^{10}} = -75.3 \text{ N/mm}^2$$

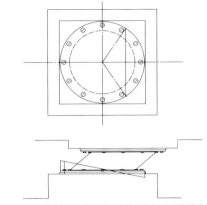

図 4.3.22 取付けボルトに作用する引張力
（中立軸が断面内にある場合）

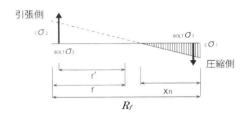

図 4.3.23 取付けボルト位置の引張応力度

b) 取付け躯体に作用する圧縮応力度の算定
 i) 積層ゴムアイソレータ直下の支圧応力度の算定

圧縮応力を負担する支圧面積(A_1)は、アイソレータが水平変形した場合にアイソレータ最上端と最下端の水平投影面積が重複する面積から、フランジプレート厚さとベースプレート厚さの合計分を拡大した面積とする。

$$\sigma_c = \frac{N_d}{A_1} = \frac{9{,}424 \times 10^3}{313 \times 10^3} = 30.1 \text{ N/mm}^2$$

$$\begin{aligned} A_1 &= \left[2 \times cos^{-1}(\delta/D_c) - sin\{2 \times cos^{-1}(\delta/D_c)\}\right] \times D_c^2/4 \\ &= \left[2 \times cos^{-1}(405/928) - sin\{2 \times cos^{-1}(405/928)\}\right] \times 928^2/4 \\ &= 313 \times 10^3 \text{ mm}^2 \end{aligned}$$

$$D_c = \varphi + 2t_f + 2t_b = 800 + 2 \times 32 + 2 \times 32 = 928 \text{mm}$$

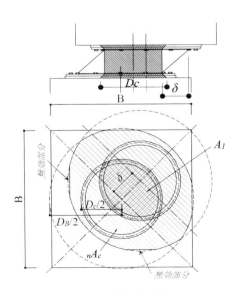

図 4.3.24 支圧面積(A_1)

4) 取付けボルトの検討
　① 設計引張力の算定
$$T_{bD} = {}_{BOLT}\sigma_2 \times a_{e1} = 75.3 \times 561 \times 10^{-3} = 42.2 \text{ kN/本}$$
　② 設計せん断力の算定
$$Q_b = \frac{Q_d}{n_b} = \frac{900.8}{12} = 75.1 \text{ kN/本}$$
　　　n_b：取付けボルト本数
　③ 検定結果
　　　引張力とせん断力の合力で検討する。
　　　取付けボルトの短期許容引張力
$$T_a = 1.5 \times f_t \times a_{e1} = 1.5 \times 280 \times 561 \times 10^{-3} = 235.6 \text{ kN/本}$$

　　　取付けボルトの短期許容せん断力
$$q_a = 1.5 \times \frac{f_t}{\sqrt{3}} \times a_{e1} = 136.0 \text{ kN/本}$$

$$\sqrt{(T_{bD}/T_a)^2 + (Q_b/q_a)^2} = \sqrt{(42.2/235.6)^2 + (75.1/136.0)^2} = \sqrt{0.03 + 0.30}$$
$$= 0.58 \leq 1.0 \quad \text{OK}$$

5) フランジプレートの検討
　① ボルトの最大引張力時に発生するフランジプレートの曲げ応力度の算定
　　　ボルト引張力により生じる曲げモーメントに対して、フランジプレートが面外に降伏しないことを確認する。
　　　曲げ検討断面位置における曲げモーメント
$$M_f = T_{bD} \times X_b = T_{bD} \times \frac{(R_b - \varphi)}{2} = 42.2 \times \frac{(1.0 - 0.8)}{2} = 4.22 \text{ kN·m}$$
　　　曲げ検討断面位置における断面係数
$$Z_f = \frac{2X_b \times t_f^2}{6} = \frac{2 \times 100 \times 32^2}{6} = 0.34 \times 10^5 \text{ mm}^3$$
$$\sigma_f = \frac{M_f}{Z_f} = \frac{4.22 \times 10^6}{0.34 \times 10^5} = 124.1 \text{ N/mm}^2$$

　② 端抜けに対するせん断応力度の算定
　　　取付けボルトの縁端距離：$a = 75$ mm
　　　ボルト孔径：$\phi_b = 33$ mm
　　　断面検討位置における
　　　　フランジプレート有効幅：$B_f = 2(a - \phi_b/2) = 2(75 - 33/2) = 117$ mm
　　　　フランジプレート断面積：$A_f = B_f \times t_f = 117 \times 32 = 3{,}744 \text{ mm}^2$
　　　フランジプレートの端抜けに対するせん断応力度：$\tau_f = \frac{Q_b}{A_f} = \frac{75.1 \times 10^3}{3{,}744} = 19.9 \text{ N/mm}^2$

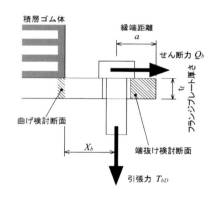

図 4.3.25　フランジプレートの検討

③ 検討結果
　a) 曲げ応力度に対する検定
　　　　$\sigma_f = 124.1$ N/mm² ≦ $f_b = 235$ N/mm²　　　OK
　b) せん断応力度に対する検定
　　　　$\tau_f = 19.9$ N/mm² ≦ $f_s = 135$ N/mm²　　　OK

6) アンカーボルトの検討
① 引張力に対する検討
　a) 設計引張力の算定
　　　　$T_{bD} = 42.2$ kN/本

　b) 短期許容引張力の算定
　　　　$P_a = \min(P_{a1}, P_{a2}, P_{a3})$

　ⅰ) アンカーボルト軸部の降伏により決まる場合の短期許容引張力(P_{a1})
　　　長ナットと定着板付きボルトの断面積および強度の小さい方として、定着板付きボルトについて検討を行う。

　　　$P_{a1} = \phi_1 \times {_s\sigma_y} \times {_{sc}a} = 1.0 \times 325 \times 561 \times 10^{-3} = 182.3$ kN/本　　(∵ ${_{sc}a} = a_{e3} = 561$ mm²)

　ⅱ) コンクリート躯体のコーン状破壊により決まる場合の短期許容引張力(P_{a2})
　　　取付け躯体面から定着板支圧部までの埋込み長さは、長ナット長さ（L_2）と軸部の有効長さ（L_3）から $L_2 + L_3 = 150 + 105 = 255$ mm となる。コーン状破壊算定用の有効埋め込み長さ L_e は、かぶり厚さ 50mm を除いた 205mm とする。

　　　図 4.3.26 のような破壊面を想定し、検討を行う。
　　　コーン状破壊の水平投影面積は横筋上端位置での面積とし、隣接ボルト間の投影面積の重なり面積および取付け躯体側面からかぶり厚さを除いた部分で切られる面積を減じる。

$$r_n = L_e + \frac{D_n}{2} = 205 + \frac{120}{2} = 265 \text{ mm}$$

$$d_{min} = \frac{\pi \times R_b}{n_b} = \frac{\pi \times 1,000}{12} = 261.8 \text{ mm}$$

$$\theta = 2\cos^{-1}(d_{min}/2/r_n) = 2\cos^{-1}(261.8/2/265) = 2.11 \text{ rad}$$

$$S = r_n^2 \times (\theta - \sin\theta) = 265^2 \times (2.11 - \sin(2.11)) = 8.77 \times 10^4 \text{ mm}^2$$

$$A_c = \pi \times L_e \times (L_e + D_n) - S = 1.22 \times 10^5 \text{ mm}^2$$

$$P_{a2} = \phi_2 \times 0.31 \times \sqrt{F_c} \times A_c = \frac{2}{3} \times 0.31 \times \sqrt{36} \times 1.22 \times 10^5 \times 10^{-3} = 150.8 \text{ kN/本}$$

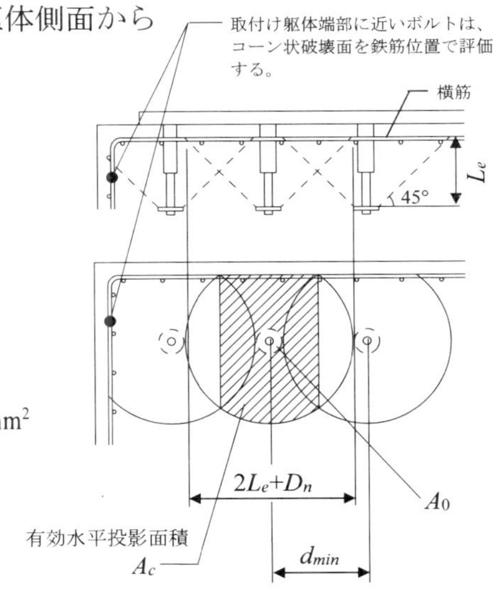

図 4.3.26　コーン状破壊面

ⅲ）定着板の支圧により決まる場合の短期許容引張力(P_{a3})

定着板の支圧面積：$A_0 = (D_n^2 - d_b^2) \times \dfrac{\pi}{4} = (120^2 - 30^2) \times \dfrac{\pi}{4} = 10,603 \text{ mm}^2$

$$\alpha_1 = \dfrac{t_n^2}{\left(\dfrac{2D_n}{d_b}+1\right) \times \dfrac{(D_n - d_b)^2}{4}} = \dfrac{35^2}{\left(\dfrac{2 \times 120}{30}+1\right) \times \dfrac{(120-30)^2}{4}} = 0.067$$

$P_{a3} = \phi_1 \times \alpha_1 \times A_0 \times \sigma_y = 1.0 \times 0.067 \times 10,603 \times 235 \times 10^{-3} = 166.9 \text{ kN/本}$

以上より、アンカーボルトの短期許容引張力は

$P_a = \min(P_{a1}, P_{a2}, P_{a3}) = \min(182.3, 150.8, 166.9) = 150.8 \text{ kN/本} \geqq T_{bD} = 42.2 \text{ kN/本}$　　OK

ⅳ）アンカーボルト頭部に接するコンクリートの支圧に対する検討

アンカーボルトの許容引張力時の頭部支圧応力度が、コンクリートの短期許容支圧応力度(f_n)以下であることを確認する。

コンクリートの短期許容支圧応力度：$f_n = \sqrt{(A_c/A_0)} \times F_c = 5.38 \times 36 = 193.7 \text{ N/mm}^2$

$\dfrac{P_a}{A_0} = \dfrac{150.8 \times 10^3}{10,603} = 14.2 \text{ N/mm}^2 \leqq f_n = 193.7 \text{ N/mm}^2$　OK

② せん断力に対する検討

a) 設計用せん断力の算定

　　$Q_b = 75.1 \text{ kN/本}$

b) 短期許容せん断力の算定

　　$q_a = \min(q_{a1}, q_{a2}, q_{a3})$

ⅰ）アンカーボルトのせん断降伏強度により決まる場合の短期許容せん断力

・長ナットのせん断降伏強度により決まる場合の短期許容せん断力(q_{a1})

$q_{a1} = \phi_1 \times {}_s\sigma_{qa} \times a_{e3} = 1.0 \times 0.7 \times 325 \times 561 \times 10^{-3} = 127.6 \text{ kN/本}$

・長ナット引張力とせん断力の複合応力に対する検討

長ナットの短期許容引張応力度：$f_t = 325 \text{ N/mm}^2$

$P_a = {}_{sc}a \times f_t = 955 \times 325/1,000 = 310.4 \text{ kN/本}$

$(T_{bD}/P_a)^1 + (Q_b/q_{a1})^1 = (42.2/310.4)^1 + (75.1/127.6)^1 = 0.14 + 0.59 = 0.72 \leqq 1.0$　　OK

ⅱ）コンクリート躯体の支圧強度により決まる場合の短期許容せん断力(q_{a2})

$q_{a2} = \phi_2 \times {}_c\sigma_{qa} \times {}_{sc}a = \phi_2 \times 0.5 \times \sqrt{(F_c \times E_c)} \times {}_{sc}a = \dfrac{2}{3} \times 0.5 \times 900 \times 561 \times 10^{-3} = 168.3 \text{ kN/本}$

ここで、$\sqrt{(F_c \times E_c)} = \sqrt{(36 \times 25,949)} = 966.5 \geqq 900 \text{ N/mm}^2$,　${}_{sc}a = a_{e3} = 561 \text{ mm}^2$

ⅲ）コンクリート躯体の側面コーン状破壊により決まる場合の短期許容せん断力(q_{a3})

$q_{a3} = \phi_2 \times {}_c\sigma_t \times A_{qc} = \phi_2 \times 0.31 \times \sqrt{F_c} \times A_{qc} = 2/3 \times 0.31 \times 6.0 \times 354,411 \times 10^{-3} = 439.5 \text{ kN/本}$

$A_{qc} = 0.5 \times \pi \times c^2 = 0.5 \times \pi \times 475^2 = 354,411 \text{ mm}^2$

以上より、アンカーボルトの短期許容せん断力は、

$q_a = \min(q_{a1}, q_{a2}, q_{a3}) = \min(127.6, 168.3, 439.5) = 127.6$ kN $\geq Q_b = 75.1$ kN　　OK

③ 検討結果
 a) 引張力に対する検討
　　アンカーボルトの設計引張力(T_{bD})が、短期許容引張力(P_a)以下であることを確認した。
　　　$T_{bD} = 42.2$ kN/本　$\leq$　$P_a = 150.8$ kN/本　　OK
 b) せん断力に対する検討
　　アンカーボルトの設計せん断力(Q_b)が、短期許容せん断力(q_a)以下であることを確認した。
　　　$Q_b = 75.1$ kN/本　$\leq$　$q_a = 127.6$ kN/本　　OK
 c) 引張力とせん断力の組合せ応力に対する検討

$$(T_{bD}/P_a)^1 + (Q_b/q_a)^1 = (42.2/150.8)^1 + (75.1/127.6)^1$$
$$= 0.28 + 0.59 = 0.87 \leq 1.0 \quad \text{OK}$$

7) 圧縮力に対する検討

　最大圧縮応力(N_d)に対して、積層ゴムアイソレータ直下の支圧応力度(σ_c)がコンクリートの短期許容支圧応力度(f_n)以下であることを確認する。

① 積層ゴムアイソレータ直下の支圧応力度の算定(σ_c)

$$\sigma_c = \frac{N_d}{A_1} = 30.1 \text{ N/mm}^2$$

② 取付け躯体コンクリートの短期許容支圧応力度(f_n)の算定
　取付け躯体の短期許容支圧応力度算定用面積：
　　$D_B = D_c +$ 取付け躯体高さ $\times 2 = 928 + 300 \times 2 = 1,528$ mm $\leq B$ より

$$_nA_c = \left[2 \times \cos^{-1}(\delta/D_B) - \sin\{2 \times \cos^{-1}(\delta/D_B)\}\right] \times D_B^2/4$$
$$= \left[2 \times \cos^{-1}(405/1,528) - \sin\{2 \times \cos^{-1}(405/1,528)\}\right] \times 1,528^2/4$$
$$= 1,222 \times 10^3 \text{ mm}^2$$

　コンクリートの短期許容支圧応力度：

$$f_n = f_c \times \sqrt{(_nA_c/A_1)} = 2/3 \times F_{no} \times \sqrt{(_nA_c/A_1)} = 2/3 \times 1.8 \times 36^{(0.8\text{-}36/2000)} \times 1.97 = 39.1 \text{ N/mm}^2$$

$$\sqrt{(_nA_c/A_1)} = \sqrt{(1,222 \times 10^3 / 313 \times 10^3)} = 1.97 \leq 2$$

③ 検討結果
　支圧応力度に対する検定
　　　$\sigma_c = 30.1$ N/mm^2　$\leq$　$f_n = 39.1$ N/mm^2　　OK

(4) 鉛プラグ入り積層ゴムアイソレータ接合部の設計（φ800，引張軸力考慮）

　鉛プラグ入り積層ゴムアイソレータについて、ゴム総厚×250%の変形時に引張力が作用する可能性があるため、1.0N/mm²の引張力が作用するものとして接合部の検討を行う。引張力の働く設計であるため接合部はアンカーボルト形式とし、接合部に生じる引張軸力、曲げモーメントによる引張力およびせん断力はアンカーボルトで負担し、躯体に伝達するものとする。
　以上の条件に対し各部材が短期許容応力度以下であることを確認する。

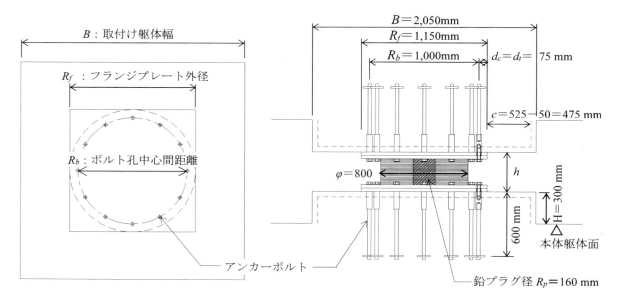

＊取付け躯体の立ち上がり内にアンカーボルトが留まる場合については、アンカーボルトの引張力が取付け躯体を介して本体躯体にスムーズに伝達されるように補強筋を適宜配置し打継ぎ部の応力伝達を確保するなど配慮する。

図 4.3.27 鉛プラグ入り積層ゴムアイソレータ概要図　（断面図、ボルト配置図）

1) 諸 元
① 免震部材
　　鉛プラグ入り積層ゴム
　　　内部ゴムのせん断弾性率：$G = 0.385 \mathrm{N/mm^2}$
　　　ゴム外径　　：$\varphi = 800 \mathrm{mm}$　（被覆ゴム含まず）
　　　　　　　　　（有効断面積：$A_r = 4.825 \times 10^5 \mathrm{mm^2}$）
　　　鉛プラグ径：$R_p = 160 \mathrm{mm}$
　　　ゴム総厚　　：$h_r = 5.1 \mathrm{mm} \times 33$ 層 $= 168.3 \mathrm{mm}$
　　　高さ　　　　：$h = 373.1 \mathrm{mm}$
　　フランジプレート（材質：SM490A）
　　　外径　　　　：$R_f = 1,150 \mathrm{mm}$
　　　半径　　　　：$r = 575 \mathrm{mm}$
　　　板厚　　　　：$t_f = 40 \mathrm{mm}$
　　　ボルト孔径：$\phi_b = 36 \mathrm{mm}$
　　ベースプレート
　　　板厚　　　　：$t_b = 32 \mathrm{mm}$

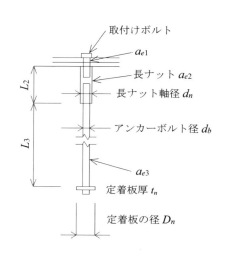

図 4.3.28 アンカーボルト諸元

② 各種ボルト

　　取付けボルト：12－M33

　　　　基準強度　　　　　　　　　　：強度区分 6.8（長期許容引張応力度 280 N/mm²）
　　　　ねじ部有効断面積　　　　　　：$a_{e1}=694$ mm²
　　　　全軸部断面積　　　　　　　　：$a_g=a_{e1}\times12=8,328$ mm²
　　　　ボルト孔中心間距離　　　　　：$R_b=1,000$ mm
　　　　ボルト孔中心間半径　　　　　：$r'=(R_b/2)=500$ mm
　　　　ボルト縁端距離　　　　　　　：$d_c=d_t=(1,150-1,000)/2=75$ mm
　　　　ボルト縁端距離（法線方向）　：$a=(1,150-1,000)/2=75$ mm

　　アンカーボルト（材質：SNR490）

　　　　定着板付きボルト軸部径　　　：$d_b=33$ mm
　　　　長ナット軸径　　　　　　　　：$d_n=50$ mm（六角ナット：2面幅）
　　　　長ナット長さ　　　　　　　　：$L_2=165$ mm
　　　　長ナットの軸部有効断面積　　：$_{sc}a=(50^2-33^2)\times\pi/4=1,108$ mm²
　　　　　　　　　　　　　　　　　　　（2面幅を直径とした円型として算出）
　　　　長ナットの有効断面積　　　　：$a_{e2}=(50/2)^2\times\pi=1,963$ mm²
　　　　連結ボルト縁端距離　　　　　：$l=(R_f-\varphi)/2=175$ mm
　　　　アンカーボルト有効長さ　　　：$L_3=435$ mm（$>3.5d_b=116$mm）
　　　　軸部有効断面積　　　　　　　：$a_{e3}=694$ mm²
　　　　定着板径　　　　　　　　　　：$D_n=120$ mm（$>2.5d_b=75$ mm）
　　　　定着板厚　　　　　　　　　　：$t_n=35$ mm（材質：SM490A）

③取付け躯体（梁上立上り）

　　　　コンクリートの設計基準強度　：F_c36
　　　　取付け躯体幅　　　　　　　　：$B=2,050$ mm
　　　　アンカーボルトから横筋までの最小へりあき寸法：
　　　　　　　　　　　　　　　　　　　$c=(B-R_b)/2-50=525-50=475$ mm
　　　　取付け躯体高さ　　　　　　　：$H=300$ mm

2）設計条件

① 水平変位　　　：$\delta=420.75$mm（$\gamma=250\%$）
② 水平性能と特性変動

　　　切片荷重：$Q_y=160$ kN
　　　水平剛性：$K_d=1,170$ kN/m
　　　特性変動：切片荷重(Q_y)に関して+43%，二次剛性(K_d)に関して+36%

表 4.3.4 設計基準値に対する変動要因と特性変動（プラス側）

変動要因	特性変動	
	切片荷重 Q_y	二次剛性 K_d
製品のばらつき	+20%	+20%
経年変化（60年後）	―	+10%
環境温度変化（0°C／20°C）	+23%	+6%
合計	+43%	+36%

③ 面圧

長期面圧：$\sigma_L = 10$ N/mm^2

短期面圧：$\sigma_S = 20$ N/mm^2 （上下動考慮）

3) 免震部材に生じる応力

① 設計せん断力(Q_d)の算定

切片荷重(Q_y)と二次剛性(K_d)それぞれについて特性変動値を設定し設計せん断力(Q_d)を求める。

$$Q_d = Q_y \times 1.43 + K_d \times 1.36 \times \delta = 160 \times 1.43 + 1{,}170 \times 1.36 \times 420.75 \times 10^{-3} = 898.3 \text{ kN}$$

② 設計用応力の設定

a) 取付けボルトに作用する引張力算定用

ⅰ) 設計用軸力(N_d)の算定

$$N_d = N_L - (N_{E1} + N_{E2}) = A_r \times \sigma_{rt} = 4.825 \times 10^5 \times (-1.0) \times 10^{-3} = -482.5 \text{ kN}$$

N_{E1}：水平地震動により接合部に作用する軸力の大きさ

N_{E2}：上下地震動により接合部に作用する軸力の大きさ

σ_{rt}：積層ゴムアイソレータに作用する引張面圧（$= -1.0$ N/mm^2）

ⅱ) フランジプレート面に作用する曲げモーメント(M_d)の算定

P－△効果による付加曲げモーメントを考慮する。

$$M_d = Q_d \times \frac{h}{2} + N_d \times \frac{\delta}{2} = 898.3 \times \frac{373.1}{2} \times 10^{-3} + (-482.5) \times \frac{420.75}{2} \times 10^{-3} = 66.1 \text{ kN·m}$$

b) フランジプレート、取付け躯体に作用する圧縮力算定用

安全側の評価として引張軸力が作用しないとして算定する。

ⅰ) 設計軸力(N_d)の算定

$$N_d = N_L + (N_{E1} + N_{E2}) = A_r \times \sigma_S = 4.825 \times 10^5 \times 20 \times 10^{-3} = 9{,}650 \text{ kN}$$

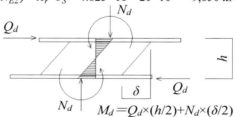

図 4.3.29 積層ゴムアイソレータの水平変形時外力

③ 取付けボルトに作用する引張応力度の算定

平面保持の仮定により取付けボルトがフランジプレート内に等分布している円形断面柱として、軸力とモーメントの釣合い式から算定する。

ヤング係数比($n_E = \phi_E \times E_s / E_c$)は$\phi_E = 1.5$として、コンクリート設計基準強度に応じたコンクリートのヤング係数から求める。ヤング係数比(n_E)は以下の数値とする。

$$n_E = 1.5 \times E_s / E_c = 1.5 \times 205{,}000 / 25{,}900 = 11.9$$

a) 取付けボルトに作用する引張応力度の算定

ⅰ) 中立軸の算定（式 4.35~4.37 より）

$$x_n = \frac{1}{2} \times \left\{ R_f + \frac{N_d \times (r')^2}{M_d} \right\} = 1/2 \times \{1{,}150 + (-482.5) \times 500^2 / 66.1 \times 10^{-3}\} = -337.4 \text{ mm}$$

ii) 断面一次モーメントの算定（式 4.37 より）

$S_n = -n_E \times a_g(R_f/2 - x_n) = -11.9 \times 8,328 \times \{1,150/2 - (-337.4)\} = -9.04 \times 10^7$ mm^3

iii) 取付けボルト応力度の算定（式 4.39 より）

$_{BOLT}\sigma_1 = n_E \times (x_n - d_c) \times \dfrac{N_d}{S_n} = 11.9 \times (-337.4 - 75) \times \dfrac{-482.5 \times 10^3}{-9.04 \times 10^7} = -26.2$ N/mm^2

$_{BOLT}\sigma_2 = n_E \times (x_n + d_c - R_f) \times \dfrac{N_d}{S_n} = 11.9 \times (-337.4 + 75 - 1,150) \times \dfrac{-482.5 \times 10^3}{-9.04 \times 10^7} = -89.7$ N/mm^2

b) てこ反力により取付けボルトに作用する引張応力度の割増

　フランジプレートの剛性およびベースプレートの有無に応じて、てこ反力係数(α)を算定する。

 i) 取付けボルトの軸剛性

$K_{BOLT} = \dfrac{1}{\dfrac{t_f}{E_s \times a_{e1}} + \dfrac{L_2}{E_s \times a_{e2}}} = \dfrac{1}{\dfrac{40}{2.05 \times 10^5 \times 694} + \dfrac{165}{2.05 \times 10^5 \times 1,963}} \times 10^{-3} = 1,447$ kN/mm

ii) てこ反力係数の算出

　　フランジプレート外径の等価幅

　　　$B_1 = 1,150 \times \pi/12 = 301$ mm

　　ゴム外径の等価幅

　　　$B_2 = 800 \times \pi/12 = 209$ mm

　　フランジプレートの有効幅

　　　$B_f = (B_1 + B_2)/2 = (301 + 209)/2 = 255$ mm

　　フランジプレートの有効断面二次モーメント

　　　$I_f = 1/12 \times B_f \times t_f^3 = 1/12 \times 255 \times 40^3 = 1.36 \times 10^6$ mm^4

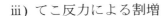

図 4.3.30 てこ反力算定諸元

　　てこ反力の有無の判定

　　　$K_{BOLT} \times \dfrac{a \times (a-l)^2}{2 \times E_s} = 1,447 \times 10^3 \times \dfrac{75(75-175)^2}{2 \times 2.05 \times 10^5} = 2.65 \times 10^6 > I_f$ → てこ反力が生じる。

iii) てこ反力による割増

$\beta = \dfrac{-6 \times E_s \times \dfrac{I_f}{K_{BOLT}} + 3 \times a \times (a-l)^2}{6 \times E_s \times \dfrac{I_f}{K_{BOLT}} - 2 \times a^2 \times (2 \times a - 3 \times l)} = \dfrac{-6 \times 2.05 \times 10^5 \times \dfrac{1.36 \times 10^6}{1,447 \times 10^3} + 3 \times 75 \times (75-175)^2}{6 \times 2.05 \times 10^5 \times \dfrac{1.36 \times 10^6}{1,447 \times 10^3} - 2 \times 75^2 \times (2 \times 75 - 3 \times 175)} = 0.20$

iv) 水平載荷実験によるてこ反力の割増係数

　　$\eta = 2.5$

v) てこ反力係数

　　$\alpha = 1.0 + \beta \times \eta = 1.0 + 0.20 \times 2.5 = 1.50$

vi) てこ反力を考慮した取付けボルトに作用する引張応力度

　　$_{BOLT}\sigma = \alpha \times {_{BOLT}\sigma_2} = 1.50 \times (-89.7) = -135$ N/mm^2

c) 取付け躯体に作用する圧縮応力度の算定

 i) 積層ゴムアイソレータ直下の支圧応力度の算定

　　圧縮応力を負担する支圧面積(A_1)は、アイソレータが水平変形した場合にアイソレー

タ最上端と最下端の水平投影面積が重複する面積から、フランジプレート厚さとベースプレート厚さの合計分を拡大した面積とする。

$$\sigma_c = \frac{N_d}{A_1} = \frac{9{,}650 \times 10^3}{316 \times 10^3} = 30.5 \text{ N/mm}^2$$

$$\begin{aligned}
A_1 &= \left[2 \times cos^{-1}(\delta/D_c) - sin\{2 \times cos^{-1}(\delta/D_c)\} \right] \times D_c^2/4 \\
&= \left[2 \times cos^{-1}(420.75/944) - sin\{2 \times cos^{-1}(420.75/944)\} \right] \times 944^2/4 \\
&= 316 \times 10^3 \text{ mm}^2
\end{aligned}$$

$$D_c = \varphi + 2t_f + 2t_b = 800 + 2 \times 40 + 2 \times 32 = 944 \text{mm}$$

4) 取付けボルトの検討
① 設計引張力の算定

$$T_{bD} = {}_{BOLT}\sigma \times a_{e1} = 135 \times 694 \times 10^{-3} = 93.7 \text{kN/本}$$

② 設計せん断力の算定

$$Q_b = Q_d/n_b = 898.3/12 = 74.9 \text{ kN/本}$$

n_b：ボルト本数

③ 検定結果

引張力とせん断力の組合せで検討する。

取付けボルトの短期許容引張力

$$T_a = 1.5 \times f_t \times a_{e1} = 1.5 \times 280 \times 694 \times 10^{-3} = 291.5 \text{ kN/本}$$

取付けボルトの短期許容せん断力

$$q_a = 1.5 \times f_t/\sqrt{3} \times a_{e1} = 1.5 \times 280/\sqrt{3} \times 694 \times 10^{-3} = 168.3 \text{ kN/本}$$

$$\sqrt{(T_{bD}/T_a)^2 + (Q_b/q_a)^2} = \sqrt{(93.7/291.5)^2 + (74.9/168.3)^2} = 0.549 \leqq 1.0 \quad \text{OK}$$

5) フランジプレートの検討
① ボルトの最大引張力時に発生するフランジプレートの曲げ応力度の算定

ボルト引張力により生じる曲げモーメントに対して、フランジプレートが面外に降伏しないことを確認する。

曲げ検討断面位置における曲げモーメントは

$$M_f = T_{bD} \times X_b = T_{bD} \times \frac{R_b - \varphi}{2} = 93.7 \times \frac{1.0 - 0.8}{2} = 9.37 \text{ kN·m}$$

曲げ検討断面位置における断面係数は

$$Z_f = 2X_b \times t_f^2/6 = 2 \times 100 \times 40^2/6 = 5.33 \times 10^4 \text{ mm}^3$$

$$\sigma_f = M_f/Z_f = (9.37 \times 10^6)/(5.33 \times 10^4) = 176 \text{ N/mm}^2$$

② 端抜けに対するせん断応力度の算定

取付けボルトの縁端距離：$a = 75$ mm

ボルト孔径：$\phi_b = 36$ mm

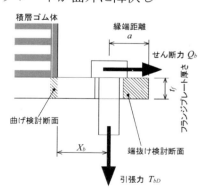

図 4.3.31 フランジプレートの検討

断面検討位置における

フランジプレート有効幅：$B_f=2(a-\phi_b/2)=2(75-36/2)=114$ mm

フランジプレート断面積：$A_f=B_f\times t_f=114\times 40=4,560$ mm^2

フランジプレートの端抜けに対するせん断応力度：$\tau_f=\dfrac{Q_b}{A_f}=\dfrac{74.9\times 10^3}{4,560}=16.4$ N/mm^2

③ 検討結果

a) 曲げ応力度に対する検定

$\sigma_f=176$ N/mm^2 $\leqq$ $f_b=325$ N/mm^2　　　OK

b) せん断応力度に対する検定

$\tau_f=16.4$ N/mm^2 $\leqq$ $f_s=187$ N/mm^2　　　OK

6) アンカーボルトの検討

① 引張力に対する検討

a) 設計引張力の算定

$T_{bD}=93.7$ kN/本

b) 短期許容引張力の算定

$P_a=\min(P_{a1}, P_{a2}, P_{a3})$

ⅰ) アンカーボルト軸部の降伏により決まる場合の短期許容引張力(P_{a1})

長ナットと定着板付きボルトの断面積および強度の小さい方として定着板付きボルトについて検討を行う。

$P_{a1}=\phi_1\times {_s\sigma_y}\times {_{sc}a}=1.0\times 325\times 694\times 10^{-3}=225.6$ kN/本　　（∵ ${_{sc}a}=a_{e3}=694$mm^2）

ⅱ) コンクリート躯体のコーン状破壊により決まる場合の短期許容引張力(P_{a2})

取付け躯体面から定着板支圧部までの埋込み長さを600mm、図4.3.32のような破壊面を想定し、検討を行う。コーン状破壊面の水平投影面積は架台のかぶりを除いた位置での面積とし、隣接ボルト間の投影面積の重なりおよび取付け躯体側面で切られる面積を減じる。かぶり厚さは50mmを見込む。

$L_e=550$mm

$r_n=L_e+\dfrac{D_n}{2}=550+\dfrac{120}{2}=610$ mm

$d_{min}=\dfrac{\pi\times R_b}{n_b}=\dfrac{\pi\times 1,000}{12}=261.8$mm

$\theta_1=2cos^{-1}(d_{min}/2/r_n)=2cos^{-1}(261.8/2/610)=2.71$ rad

$S_1=\dfrac{1}{2}r_n^2(\theta-sin\theta)=\dfrac{1}{2}\times 610^2\times(2.71-sin(2.71))=4.26\times 10^5$

$\theta_2=2cos^{-1}(\min.(1,c/r_n))=2cos^{-1}(475/610)=1.36$ rad

$S_2=\dfrac{1}{2}r_n^2\{(\pi-\theta_1)-sin(\pi-\theta_1)\}+d_{min}\{r_n\times sin(\theta_1/2)-c\}$
　　$=0.34\times 10^5$　（$\theta_1+\theta_2\leq \pi$ より）

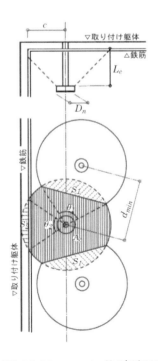

図4.3.32　コーン状破壊面

$$A_c = \pi \times L_e \times (L_e + D_n) - 2S_1 - S_2 = 11.6 \times 10^5 - 2 \times 4.26 \times 10^5 - 0.34 \times 10^5$$
$$= 2.74 \times 10^5 \text{mm}^2$$
$$P_{a2} = \phi_2 \times 0.31\sqrt{F_c} \times A_c = 2/3 \times 0.31\sqrt{36} \times 2.74 \times 10^5 \times 10^{-3} = 339.8 \text{kN}$$

ⅲ) 定着板の支圧により決まる場合の短期許容引張力(P_{a3})

定着板の支圧面積：$A_0 = (D_n^2 - d_b^2)\pi/4 = (120^2 - 33^2)\pi/4 = 10{,}454.4 \text{ mm}^2$

定着板の支圧によって決まる短期許容引張力は、

$$P_{a3} = \phi_1 \times \alpha_1 \times A_0 \times \sigma_y = 1.0 \times 0.0783 \times 10{,}454.4 \times 325 \times 10^{-3} = 266.0 \text{ kN}$$

$$\alpha_1 = \frac{t_n^2}{(2D_n/d_b + 1)(D_n - d_b)^2/4} = \frac{35^2}{(2 \times 120/33 + 1)(120 - 33)^2/4} = 0.0783$$

以上より、アンカーボルトの短期許容引張力は

$$P_a = \min(P_{a1}, P_{a2}, P_{a3}) = \min(225.6, 380.7, 266.0) = 225.6 \text{ kN} \geq T_{bD} = 93.7 \text{kN} \quad \text{OK}$$

ⅳ) アンカーボルト頭部に接するコンクリートの支圧に対する検討

アンカーボルトの許容引張力時の頭部支圧応力度が、コンクリートの支圧強度(f_n)以下であることを確認する。

コンクリートの支圧強度： $f_n = \sqrt{(A_c/A_0)} \times F_c = 5.42 \times 36 = 195.1 \text{ N/mm}^2$

$$\frac{P_a}{A_0} = \frac{225.6 \times 10^3}{10{,}454.4} = 21.6 \text{ N/mm}^2 \leq f_n = 195.1 \text{ N/mm}^2 \quad \text{OK}$$

② せん断力に対する検討

a) 設計用せん断力の算定

$Q_b = 74.9$ kN/本

b) 短期許容せん断力の算定

$$q_a = \min(q_{a1}, q_{a2}, q_{a3})$$

ⅰ) アンカーボルトのせん断降伏強度により決まる場合の短期許容せん断力(q_{a1})

$$q_{a1} = \phi_1 \times {}_s\sigma_{qa} \times {}_{sc}a = 1.0 \times 0.7 \times 325 \times 694 \times 10^{-3} = 157.9 \text{ kN} \quad (\because {}_{sc}a = a_{e3} = 694\text{mm}^2)$$

ⅱ) コンクリート躯体の支圧強度により決まる場合の短期許容せん断力(q_{a2})

$$q_{a2} = \phi_2 \times {}_c\sigma_{qa} \times {}_{sc}a = \phi_2 \times 0.5 \times \min.(900, \sqrt{F_c \times E_c}) \times {}_{sc}a$$
$$= 2/3 \times 0.5 \times \min.(900, \sqrt{36 \times 25{,}900}) \times 694 \times 10^{-3} = 208.2 \text{ kN} \quad (\because {}_{sc}a = a_{e3} = 694\text{mm}^2)$$

ⅲ) コンクリート躯体の側面コーン状破壊により決まる場合の短期許容せん断力(q_{a3})

$$q_{a3} = \phi_2 \times {}_c\sigma_t \times A_{qc} = \phi_2 \times 0.31\sqrt{F_c} \times A_{qc} = 2/3 \times 0.31 \times \sqrt{36} \times 123{,}431 \times 10^{-3} = 153.1 \text{ kN}$$
$$A_{qc} = 0.5 \times \pi \times c^2 - 0.5 \times c^2 \times (\theta_3 - \sin\theta_3) = 123{,}431 \text{ mm}^2$$
$$\theta_3 = 2 \times \cos^{-1}(\min.(1, d_{min}/2/c)) = 2.58$$

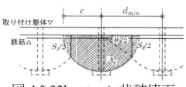

図 4.3.32b コーン状破壊面

以上より、アンカーボルトの短期許容せん断力は、

$q_a = \min(q_{a1}, q_{a2}, q_{a3}) = \min(157.9, 208.2, 153.1) = 153.1$ kN $\geq Q_b = 74.9$ kN　　OK

③ 検討結果
 a) 引張力に対する検討

　　アンカーボルトの設計引張力(T_{bD})が、短期許容引張力(P_a)以下であることを確認した。

　　$T_{bD} = 93.7$ kN/本　$\leq$　$P_a = 225.6$ kN/本　　OK

 b) せん断力に対する検討

　　アンカーボルトの設計せん断応力(Q_b)が、短期許容せん断力(q_a)以下であることを確認した。

　　$Q_b = 74.9$ kN/本　$\leq$　$q_a = 153.1$ kN/本　　OK

 c) 引張力とせん断力の組合せ応力に対する検討

　　$(T_{bD}/P_a)^\alpha + (Q_b/q_a)^\alpha = (93.7/225.6)^1 + (74.9/153.1)^1 = 0.42 + 0.49 = 0.91 \leq 1.0$　　OK

7) 圧縮力に対する検討

　最大圧縮応力(N_d)に対して、積層ゴムアイソレータ直下の支圧応力度(σ_c)がコンクリートの短期許容支圧応力度(f_n)以下であることを確認する。

① 積層ゴムアイソレータ直下の支圧応力度の算定(σ_c)

$$\sigma_c = \frac{N_d}{A_1} = 30.5 \text{ N/mm}^2$$

② 取付け躯体コンクリートの短期許容支圧応力度(f_n)の算定

　取付け躯体の短期許容支圧応力度算定用面積：

　$D_B = D_c + H \times 2 = 944 + 300 \times 2 = 1{,}544$ mm $< B$ より

$$_nA_c = \left[2 \times \cos^{-1}(\delta/D_B) - \sin\{2 \times \cos^{-1}(\delta/D_B)\}\right] \times D_B^2/4$$
$$= \left[2 \times \cos^{-1}(420.75/1{,}544) - \sin\{2 \times \cos^{-1}(420.75/1{,}544)\}\right] \times 1{,}544^2/4$$
$$= 1{,}231 \times 10^3 \text{ mm}^2$$

　コンクリートの短期許容支圧応力度：

$$f_n = f_c \times \sqrt{(_nA_c/A_1)} = 2/3 \times F_{no} \times \sqrt{(_nA_c/A_1)} = 2/3 \times 1.8 \times 36^{(0.8 \cdot 36/2000)} \times 1.97 = 39.1 \text{ N/mm}^2$$

$$\sqrt{(_nA_c/A_1)} = \sqrt{(1{,}231 \times 10^3 / 316 \times 10^3)} = 1.97 \leq 2$$

③ 検討結果

　支圧応力度に対する検定

　$\sigma_c = 30.5$ N/mm^2　$\leq$　$f_n = 39.1$ N/mm^2　　OK

8) 応力算定プログラムによる算定結果

　本設計例について、日本免震構造協会にて本指針購入者向けに公開している設計支援ソフト「積層ゴムアイソレータ接合部に作用する応力算定プログラム」による算定結果を、次頁以降に示す。

　なお、以下の点について注意して参照頂きたい。

【注意】
- プログラム内の図などについては、一部実際と異なる場合がある。
- 計算結果の数値について、有効桁数の取り方により計算結果に若干の違いが生じる場合がある。

◆設計条件
①免震部材
【積層ゴム】
- φ = 800 (mm) ：ゴム外径
- A_r = 4.83E+05 (mm^2) ：有効断面積
- h_r = 168.3 (mm) ：ゴム総厚
- h = 373.1 (mm) ：免震部材高さ

【フランジプレート】
鋼種： SM490
- f_t = 325 (N/mm^2) ：許容引張・曲げ応力度(短期)
- R_f = 1150 (mm) ：フランジPL外径
- t_f = 40 (mm) ：フランジPL板厚
- l = 175 (mm) ：積層ゴム外縁からフランジ縁までの距離

【ベースプレート】
- t_b = 32 (mm) ：ベースPL板厚

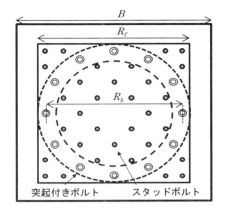

②各種ボルト
【取付けボルト】
- R_b = 1000 (mm) ：ボルト孔中心間距離
- n_b = 12 (本) ：ボルト本数

呼径： M33 （軸部径= 33 mm）
（強度区分 6.8 ）
- f_t = 420 (N/mm^2) ：許容引張応力度(短期)
- a_{e1} = 694 (mm^2) ：取付けボルト有効断面積
- a_g = 8328 (mm^2) ：取付けボルト全軸断面積
- a = 75 (mm) ：ボルト縁端距離
- X_b = 100 (mm) ：積層ゴム外縁からボルト芯までの距離
- φ_b = 36 (mm) ：ボルト孔径

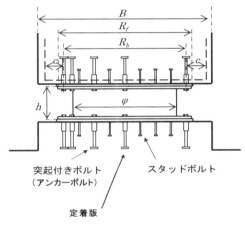

【アンカーボルト】
鋼種： SNR490
- f_t = 325 (N/mm^2) ：許容引張応力度(短期)
- d_b = 33 (mm) ：アンカーボルト軸部径(突起付き袋ナットの場合はナット軸部径)
- d_n = 50 (mm) ：長ナット軸部径
- L_2 = 165 (mm) ：長ナット長さ
- $_{sc}a$ = 1108 (mm^2) ：長ナット軸部有効断面積
- a_{e2} = 1963 (mm^2) ：長ナット有効断面積
- a_{e3} = 694 (mm^2) ：アンカーボルト軸部有効断面積

【定着板】
鋼種： SM490
- f_t = 325 (N/mm^2) ：許容引張応力度(短期)
- D_n = 120 (mm) ：定着板径
- t_n = 35 (mm) ：定着板厚
- L_e = 550 (mm) ：強度算定用定着長さ
- A_o = 10454 ：定着板の支圧面積
- α_1 = 0.0783 $= t_n^2 / \{(2D_n/d_b + 1) + (D_n - d_b)^2 / 4\}$

【スタッドボルト】
- n_p = - (本) ：スタッドボルト本数
- f_t = - (N/mm^2) ：許容引張応力度(短期)
- d_b = - (mm) ：スタッドボルト軸部径
- a_{e4} = - (mm^2) ：スタッドボルト軸部有効断面積
- p = - (mm) ：スタッドボルト配置間隔

③取り付け躯体
【コンクリート】

$F_c =$	36	(N/mm^2)	:コンクリート設計基準強度
$\gamma_c =$	23	(kN/m^3)	:コンクリート単位重量
$E_c =$	25949	(N/mm^2)	:コンクリートヤング係数
$n_E =$	11.85		:ヤング係数比($=\phi_E \times E_s/E_c$, $\phi_E=1.5$)
$H =$	300	(mm)	:取り付け躯体高さ
$B =$	2050	(mm)	:取り付け躯体幅
$c =$	475	(mm)	:アンカーボルトから横筋までの最小へりあき距離

【コーン状破壊面の有効水平投影面積】

$r_n =$	610	(mm)	($=D_n/2+L_e$)
$d_{min} =$	261.8	(mm)	($=\pi R_b/n_b$)
$\theta_1 =$	2.71	(rad)	:図 コーン状破壊面の有効水平投影面積参照
$S_1 =$	426030	(mm^2)	:図 コーン状破壊面の有効水平投影面積参照
$\theta_2 =$	1.36	(rad)	:図 コーン状破壊面の有効水平投影面積参照
$S_2 =$	34109	(mm^2)	:図 コーン状破壊面の有効水平投影面積参照
$A_c =$	271508	(mm^2)	:有効投影面積(引張用)

($=\pi L_e(L_e+D_n) - 2S_1 - S_2$)

【せん断方向の側面におけるコーン状破壊有効投影面積】

$\theta_3 =$	2.58	(rad)	:図 側面コーン状破壊面の有効水平投影面積参照
$S_3 =$	231649	(mm^2)	:図 側面コーン状破壊面の有効水平投影面積参照
$A_q =$	122762	(mm^2)	:有効投影面積(せん断用)

($=\pi c^2/2 - S_3$)

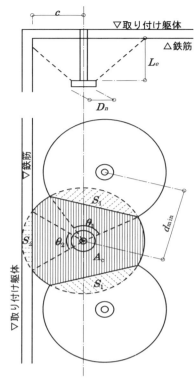

図 コーン状破壊面の有効水平投影面積

④設計荷重
【設計せん断力】

$\gamma =$	250	(%)	:せん断ひずみ
$\delta =$	420.75	(mm)	:水平変形
$K_{eq} =$	-	(kN/m)	:積層ゴムせん断剛性
$_dQ_y =$	160	(kN)	:ダンパー降伏せん断力、切片荷重
$_d\delta_y =$	0	(mm)	:ダンパー降伏変位
$_dK_2 =$	1170	(kN/m)	:ダンパー2次剛性
$C_{v0} =$	-		:K_{eq}割増係数
$C_{v1} =$	1.43		:$_dQ_y$割増係数
$C_{v2} =$	1.36		:$_dK_2$割増係数
$Q_d =$	898.3	(kN)	:設計せん断力

($=C_{v0} \times K_{eq} \times \delta + C_{v1} \times _dQ_y + C_{v2} \times _dK_2 \times (\delta - _d\delta_y)$)

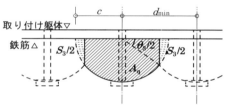

図 側面コーン状破壊面の有効水平投影面積

【取り付けボルトに作用する引張応力算定用N_d, M_d】

$\sigma_s =$	-1.00	(N/mm^2)	:短期面圧(引張応力算定用)
$N_d =$	-482.5	(kN)	:設計軸力($=Ar \times \sigma s$)
$M_d =$	66.1	(kN.m)	:設計モーメント($=Q_d \times h/2 + N_d \times \delta/2$)

【フランジPL、取り付け躯体に作用する圧縮応力算定用N_d, M_d】

$\sigma_s =$	20.0	(N/mm^2)	:短期面圧(圧縮応力算定用)
$N_d =$	9650	(kN)	:設計軸力($=Ar \times \sigma s$)
$M_d =$	2198	(kN.m)	:設計モーメント($=Q_d \times h/2 + N_d \times \delta/2$)

◆設計応力
①取り付けボルト、アンカーボルトに作用する引張力・せん断力

- $x_n =$ -337.8 (mm) :中立軸位置 $N_d \leq 0$ (断面外)
- $I_n =$ 9.46.E+10 (mm^4) :中立軸回りの断面二次モーメント
- $S_n =$ -9.01.E+07 (mm^3) :中立軸回りの断面一次モーメント
- $_{BOLT}\sigma_1 =$ -26.2 (N/mm^2) :曲げ圧縮側のボルト応力度
- $_{BOLT}\sigma_2 =$ -89.7 (N/mm^2) :曲げ引張側のボルト応力度

<てこ反力係数>

- $K_{BOLT} =$ 1447 (kN/mm) :取付けボルトの軸剛性
- $B_f =$ 255.3 (mm) :フランジPLの有効幅(=$\pi(\varphi+R_f)/2/n_b$)
- $I_f =$ 1361357 (mm^4) :フランジPLの有効断面二次モーメント(=$B_f \times t_f^3/12$)

$K_{BOLT} \times a \times (a-l)^2/2/E_s$
  = 2.65.E+06 >If : てこ反力が生じる

$$\beta = \frac{-6E_s \times I_f/K_{BOLT} + 3a(a-l)^2}{6E_s \times I_f/K_{BOLT} - 2a^2(2a-3l)}$$

  = 0.203 ($N_d=0$ あるいはてこ反力が生じない場合は$\beta=0$)
- $\eta =$ 2.5 (実験結果より)
- $\alpha =$ 1.51 =$1+\beta\times\eta$
- $_{BOLT}\sigma_t =$ -135.2 (N/mm^2) :ボルト引張応力度(=$\alpha\times_{BOLT}\sigma_2$)

<設計応力>

- $T_{bD} =$ 93.9 (kN/本) :ボルト設計引張力(=$_{BOLT}\sigma_t\times a_{e1}$)
- $Q_{bD} =$ 74.9 (kN/本) :ボルト設計せん断力(=Q_d/n_b)

(スタッドボルトが配置されている場合はアンカーボルトは引張力のみ
を負担するものとし、せん断力は無視する。)

②フランジPL、取り付け躯体に作用する圧縮力

- $x_n =$ 914.0 (mm) :中立軸位置 $N_d > 0$ (断面内)
- $I_n =$ 2.27.E+11 (mm^4) :中立軸回りの断面二次モーメント
- $S_n =$ 4.00.E+08 (mm^3) :中立軸回りの断面一次モーメント
- $_c\sigma_1 =$ 22.0 (N/mm^2) :曲げ圧縮側のフランジ縁端応力度

③積層ゴム直下の支圧応力

- $r_c =$ 472 (mm) (=$\varphi/2+t_f+t_b$)
- $\theta_c =$ 2.22 (rad)
- $A_1 =$ 3.16.E+05 (mm^2) :支圧面積(次頁図参照)
- $\sigma_c =$ 30.5 (N/mm^2) :支圧応力度(=$N_d/_nA_c$)

④スタッドボルトに作用する設計応力

- $q_d =$ - (kN/本) :スタッドボルト設計せん断力(=Q_d/n_s)

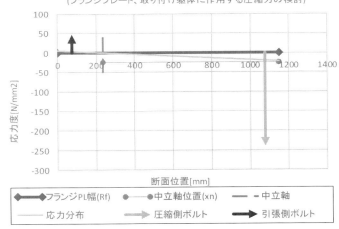

◆検討
①取り付けボルトの検討
$T_a =$ 291.5 (kN/本) :ボルト短期許容引張力($=f_t \times a_{e1}$)
$q_a =$ 168.3 (kN/本) :ボルト短期許容せん断力($=f_t/\sqrt{3} \times a_{e1}$)
$\sqrt{\{(T_{bD}/T_a)^2+(Q_{bD}/q_a)^2\}}$
= 0.549 ＜1.0 ・・・ OK

②フランジPLの検討
＜ボルト引張力より生じる曲げモーメントに対する検討＞
$M_f =$ 9.39 (kN.m) :設計曲げモーメント($=T_{bD} \times X_b$)
$Z_f =$ 53333 (mm³) :断面係数($=\min\{\pi\varphi/n_b, 2X_b\} \times t_f^2/6$)
$\sigma_f =$ 176.0 (N/mm²) ($=M_f/Z_f$)
$\sigma_f/f_b =$ 0.541 ＜1.0 ・・・ OK
＜ボルトせん断力より生じる端抜けに対する検討＞
$A_f =$ 4560 (mm²) :端抜けに対する有効断面積($=(2a-\varphi_b) \times t_f$)
$\tau_f =$ 16.4 (N/mm²) ($=Q_{bD}/A_f$)
$\tau_f/f_s =$ 0.087 ＜1.0 ・・・ OK

③アンカーボルト、スタッドボルトの検討
＜アンカーボルト引張力に対する検討＞
$P_{a1} =$ 225.6 (kN/本) :アンカーボルト引張降伏より決まる短期許容引張力
($=\varphi_1 \times f_t \times \min\{_{sc}a, a_{e3}\}, \varphi_1=1.0$)
$P_{a2} =$ 336.7 (kN/本) :コーン状破壊より決まる短期許容引張力
($=\varphi_2 \times 0.31\sqrt{F_c} \times A_c, \varphi_2=2/3$)
$P_{a3} =$ 265.9 (kN/本) :定着板支圧と定着板強度より決まる短期許容引張力
($=\varphi_1 \times \alpha_1 \times f_t \times A_o$)
$P_a =$ 225.6 (kN/本) ($=\min\{P_{a1}, P_{a2}, P_{a3}\}$)
$T_{bD}/P_a =$ 0.416 ＜1.0 ・・・ OK
＜アンカーボルト頭部支圧応力度に対する検討＞
$P_a/A_n =$ 21.6 (N/mm²) ＜ $fn =$ 183.5 (N/mm²) ・・・ OK
($fn = Fc \times \min\{6, \sqrt{(Ac/Ao)}\}$)
＜アンカーボルトせん断力に対する検討＞
$q_{a1} =$ 157.9 (kN/本) :アンカーボルトせん断降伏より決まる短期許容せん断力
($=\varphi_1 \times 0.7 ft \times \min\{sca, ae3\}, \varphi_1=1.0$)
$q_{a2} =$ 332.5 (kN/本) :コンクリート躯体の支圧強度より決まる短期許容せん断力
($=\varphi_2 \times 0.5 \times \min\{900, \sqrt{(Fc \times Ec)}\} \times sca, \varphi_2=2/3$)
$q_{a3} =$ 152.2 (kN/本) :側面コーン状破壊より決まる短期許容せん断力
($=\varphi_2 \times 0.31\sqrt{F_c} \times A_q$)
$q_a =$ 152.2 (kN/本) ($=\min\{q_{a1}, q_{a2}, q_{a3}\}$)
$Q_{bD}/q_a =$ 0.492 ＜1.0 ・・・ OK
＜アンカーボルト組み合わせ応力の検討＞
$(T_{bD}/P_a)+(Q_{bD}/q_a)$
= 0.908 ＜1.0 ・・・ OK

④圧縮力に対する検討
$D_B =$ 1544 (mm)
($=\varphi+2 \times (t_f+t_b+H)$)
$_nA_c =$ 1.23.E+06 (mm²) :支承面積（図参照）
$F_{no} =$ 29.7 (N/mm²) :取り付け躯体コンクリート設計
($=1.8F_c^{(0.8-Fc/2000)}$)　　基準強度に基づく支圧基準強度
$f_n =$ 39.0 (N/mm²) :短期許容支圧応力度
($=2/3F_c \times \min\{2, \sqrt{(_nA_c/A_1)}\}$)
$\sigma_c/f_n =$ 0.782 ＜1.0 ・・・ OK

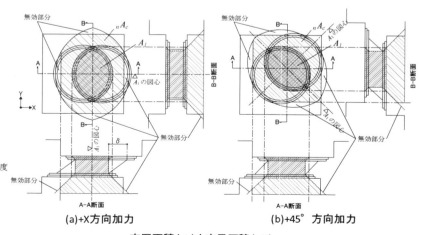

支圧面積(A_1)と支承面積($_nA_c$)

(5) 鉛プラグ入り積層ゴムアイソレータ接合部の設計（φ1,400，引張軸力考慮）

接合部に作用する応力に対して、各部材に生じる応力度が短期許容応力度以下となるように設計する。設計せん断変形(=ゴム総厚×250%)時に引張軸力が生じる可能性があるため、1.0N/mm^{2}の引張軸力が作用するものとして、接合部はアンカーボルト形式とした。ここで、接合部に生じるせん断力はスタッドボルトが、引張軸力および曲げモーメントにより生じる引張力はアンカーボルトがそれぞれ負担するものと仮定した。

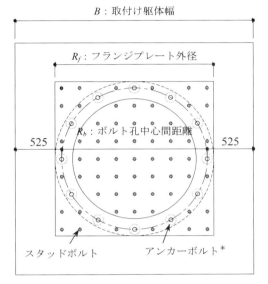
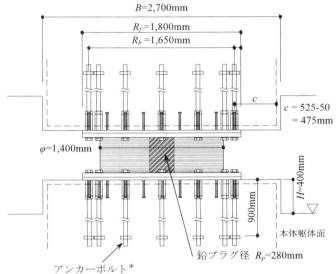

＊本体躯体と取付け躯体間にコンクリートの打ち継ぎ面があり、アンカーボルトが本体躯体に定着していない場合は、取付け躯体に補強筋を設けるなどして、アンカーボルトが負担する引張力を本体躯体へ応力伝達できるように配慮する。

図 4.3.33 鉛プラグ入り積層ゴムアイソレータ概要図　（断面図、ボルト配置図）

1) 諸　元
① 免震部材

鉛プラグ入り積層ゴムアイソレータ

内部ゴムのせん断弾性率：$G=0.385$N/mm^2
ゴム外径　　：$\varphi=1,400$mm　（被覆ゴム含まず）
　　　　　　　（有効断面積：$A_r=14.778\times10^5$mm^2）
鉛プラグ径　：$R_p=280$mm
ゴム総厚　　：$h_r=9.5$mm×21層=199.5mm ≒ 200mm
高さ　　　　：$h=515.5$mm
フランジプレート（材質：SM490A）
　外径　　　：$R_f=1,800$mm
　半径　　　：$r=900$mm
　板厚　　　：$t_f=60$mm
　ボルト孔径：$\phi_b=48$mm
ベースプレート
　板厚　　　：$t_b=32$mm

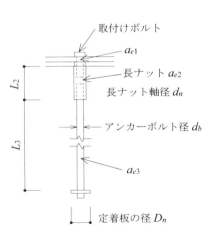

図 4.3.34 アンカーボルト諸元

② 各種ボルト

取付けボルト：12－M45

基準強度 ：強度区分 6.8（長期許容引張応力度 280 N/mm²）
有効断面積 ：a_{e1}=1,310 mm²
全軸部断面積 ：$a_g=a_{e1}×12$=15,720 mm²
ボルト孔中心間距離 ：R_b=1,650 mm
ボルト孔中心半径 ：$r'=R_b/2$=825 mm
ボルト縁端距離 ：$d_c=d_t=(1,800－1,650)/2$=75 mm
ボルト縁端距離（法線方向）：$a=(1,800－1,650)/2$=75 mm

アンカーボルト（材質： SNR490B）

定着板付きボルト軸部径 ：d_b=45 mm
長ナット軸径 ：d_n=70 mm
長ナット長さ ：L_2=225 mm
長ナットの軸部有効断面積 ：$_{sc}a=(d_n^2－d_b^2)×\pi/4$=2,258 mm²
長ナットの有効断面積 ：$a_{e2}=(d_n/2)^2×\pi$=3,848.5 mm²
連結ボルト縁端距離 ：l=200 mm
アンカーボルト有効長さ ：L_3=675 mm（$\geqq 3.5×d_b$=157.5 mm）
軸部有効断面積 ：a_{e3}=1,310 mm²
定着板径 ：D_n=120 mm（$\geqq 2.5 d_b$=113 mm）
定着板厚 ：t_n=35 mm（材質：SM490A）

スタッドボルト：61－φ22（材質：400N級）

ボルト軸部径 ：d_b=22 mm
軸部有効断面積 ：$a_{e4}=(d_b/2)^2×\pi$= 380 mm²
スタッドボルト有効長さ ：L_e=200 mm

③ 取付け躯体（梁上立上り）

コンクリートの設計基準強度 ：F_c 48
取付け躯体幅 ：B=2,700 mm
アンカーボルトから横筋までの最小へりあき寸法：$c=(B－R_b)/2－50$=475 mm
取付け躯体高さ ：H=400 mm

2) 設計条件

① 水平変位＊ ：δ=500 mm（γ=250%）
　＊：極めて稀に発生する地震動に対する最大応答値とする。
② 水平性能と特性変動

切片荷重：Q_y=491 kN

二次剛性：K_d=3.03×10³ kN/m

表 4.3.5 設計基準値に対する変動要因と特性変動（プラス側）

変動要因	特性変動	
	切片荷重 Q_y	二次剛性 K_d
製 造 ば ら つ き	＋20%	＋20%
経 年 変 化 (60 年後)	±0%	＋10%
環境温度変化(0°C/20°C)	＋23%	＋06%
合　　計	＋43%	＋36%

③ 面圧
　　　長期面圧：$\sigma_L = 10$ N/mm^2
　　　短期面圧：$\sigma_S = 30$ N/mm^2（上下動考慮）

3) 免震部材に生じる応力
① 設計用せん断力(Q_d)の算定
　切片荷重(Q_y)と二次剛性(K_d)に対して特性変動を考慮して、設計用せん断力(Q_d)を次式から求める。
　$Q_d = 1.43 \times Q_y + 1.36 \times K_d \times \delta = 1.43 \times 491 + 1.36 \times 3.03 \times 10^3 \times 0.5 = 2,762.5$ kN

② 設計用応力の算定
 a) 取付けボルトに作用する引張力算定用
 i) 設計用軸力(N_d)の算定
　$N_d = N_L - (N_{E1} + N_{E2}) = A_r \times \sigma_{rt} = 1.4778 \times 10^6 \times (-1.0) \times 10^{-3} = -1,477.8$ kN
　　　N_{E1}：水平地震動により接合部に作用する軸力の大きさ
　　　N_{E2}：上下地震動により接合部に作用する軸力の大きさ
　　　σ_{rt}：積層ゴムアイソレータに作用する引張面圧（$= -1.0$N/mm^2）
 ii) フランジプレート面に作用する曲げモーメント(M_d)の算定
　　P－△効果による付加曲げモーメントを考慮する。
$$M_d = Q_d \times \frac{h}{2} + N_d \times \frac{\delta}{2} = 2,762.5 \times \frac{515.5}{2} \times 10^{-3} + (-1,477.8) \times \frac{500}{2} \times 10^{-3} = 342.6 \text{kN} \cdot \text{m}$$
 b) フランジプレート、取付け躯体に作用する圧縮力算定用
　安全側の評価として、引張軸力が作用しないと仮定して設計用応力を算定する。
 i) 設計用軸力(N_d)の算定
　$N_d = N_L - (N_{E1} + N_{E2}) = A_r \times \sigma_s = 1.4778 \times 10^6 \times 30.0 \times 10^{-3} = 44,334$ kN

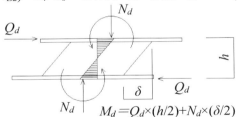

図4.3.35 積層ゴムアイソレータの水平変形時外力

③ 取付けボルトに作用する引張応力度の算定
　平面保持の仮定により、取付けボルトがフランジプレート内に等分布している円形断面柱として、軸力とモーメントの釣合いから取付けボルトに作用する引張応力を算定する。
　ヤング係数比(n_E)は$\phi_E = 1.5$として、コンクリートの設計基準強度に応じたヤング係数(E_c)を用いて、次式から求める。
　　$n_E = \phi_E \times E_s / E_c = 1.5 \times 205,000 / 29,816 = 10.3$
　　　ここで、$E_c = 3.35 \times 10^4 \times (\gamma_c / 24)^2 \times (F_c / 60)^{1/3} = 29,816$ N/mm^2
　　　　　$F_c = 48$ N/mm^2, $\gamma_c = 23.5$ kN/m^3

a) 取付けボルトに作用する引張応力度の算定
 i) 中立軸の算定（式 4.35~4.37 より）
$$x_n = \frac{1}{2} \times \left(R_f + \frac{N_d \times r'^2}{M_d} \right) = \frac{1}{2} \times \left(1,800 + \frac{-1477.8 \times 825^2 \times 10^{-3}}{342.6} \right) = -568.0 \text{mm}$$
 ii) 断面一次モーメントの算定（式 4.37 より）
$$S_n = -n_E \times a_g (R_f/2 - x_n) = -10.3 \times 15,720 \times \{1,800/2 - (-568.0)\} = -2.38 \times 10^8 \text{ mm}^3$$
 iii) 取付けボルト応力度の算定（式 4.39 より）
$$_{BOLT}\sigma_1 = n_E \times (x_n - d_c) \times \frac{N_d}{S_n} = 10.3 \times (-568.0 - 75) \times \frac{-1,477.8 \times 10^3}{-2.38 \times 10^8} = -41.1 \text{ N/mm}^2$$
$$_{BOLT}\sigma_2 = n_E \times (x_n + d_c - R_f) \times \frac{N_d}{S_n} = 10.3 \times (-568.0 + 75 - 1,750) \times \frac{-1,477.8 \times 10^3}{-2.38 \times 10^8} = -146.6 \text{ N/mm}^2$$

b) てこ反力による取付けボルトに作用する引張応力度の割増
　　フランジプレートの剛性およびベースプレートの有無に応じて、てこ反力係数(a)を算定する。
 i) 取付けボルトの軸剛性
$$K_{BOLT} = \frac{1}{\frac{t_f}{E_s \times a_{e1}} + \frac{L_2}{E_s \times a_{e2}}} = \frac{1}{\frac{60}{2.05 \times 10^5 \times 1,310} + \frac{225}{2.05 \times 10^5 \times 3,848.5}} \times 10^{-3} = 1,996.1 \text{ kN/mm}$$

 ii) てこ反力係数の算出
　　フランジプレート外径の等価幅
　　$B_1 = 1,800 \times \pi / 12 = 471 \text{mm}$
　　ゴム外径の等価幅
　　$B_2 = 1,400 \times \pi / 12 = 366 \text{mm}$
　　フランジプレートの有効幅
　　$B_f = (B_1 + B_2)/2 = (471 + 366)/2 = 418.5 \text{mm}$
　　フランジプレートの有効断面二次モーメント
　　$I_f = B_f \times t_f^3 / 12 = 412.5 \times 60^3 / 12 = 7.53 \times 10^6 \text{ mm}^4$

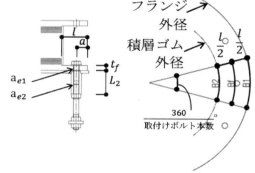

図 4.3.36 てこ反力算定諸元

　　てこ反力の有無の判定
$$K_{BOLT} \times \frac{a(a-l)^2}{2E_S} = 1,966.1 \times 10^3 \times \frac{75 \times (75-200)^2}{2 \times 2.05 \times 10^5} = 5.62 \times 10^6 \leqq I_f$$
　　　　　　　　　　　　　　　→ てこ反力は生じない

 iii) 取付けボルトに作用する引張応力度
　　てこ反力が生じないため、てこ反力係数(a)は 1.0 とする。
$$_{BOLT}\sigma = \alpha \times {}_{BOLT}\sigma_2 = 1.0 \times (-146.6) = -146.6 \text{ N/mm}^2$$

4) 取付けボルトの検討
   ① 設計引張力の算定
   $$T_{bD} = {}_{BOLT}\sigma \times a_{e1} = 146.6 \times 1,310 \times 10^{-3} = 192.0 \text{ kN/本}$$
   ② 設計せん断力の算定
   $$Q_b = Q_d / n_b = 2,762.5/12 = 230.2 \text{ kN/本}$$
   ここで、n_b：ボルト本数（=12本）
   ③ 検定結果
   引張力とせん断力の組合せで検討する。
   取付けボルトの短期許容引張力
   $$T_a = 1.5 \times f_t \times a_{e1} = 1.5 \times 280 \times 1,310 \times 10^{-3} = 550.2 \text{kN/本}$$
   取付けボルトの短期許容せん断力
   $$q_a = 1.5 \times f_t / \sqrt{3} \times a_{e1} = 317.7 \text{kN/本}$$
   $$\sqrt{(T_{bD}/T_a)^2 + (Q_b/q_a)^2} = \sqrt{(192.0/550.2)^2 + (230.2/317.7)^2} = 0.81 \leq 1.0 \quad \text{OK}$$

5) フランジプレートの検討
   ① ボルトの最大引張力時に発生するフランジプレートの曲げ応力度の算定
   ボルトの引張力により生じる曲げモーメントに対して、フランジプレートが面外に降伏しないことを確認する。
   曲げ検討断面位置における曲げモーメントは次式から求める。
   $$M_f = T_{bD} \times X_b = T_{bD} \times \frac{R_b - \varphi}{2} = 192.0 \times \frac{1.65 - 1.4}{2} = 24.0 \text{ kN·m}$$
   曲げ検討断面位置における断面係数は次式から求める。
   $$Z_f = 2X_b \times t_f^2 / 6 = 2 \times 125 \times 60^2 / 6 = 1.50 \times 10^5 \text{ mm}^3$$
   $$\sigma_f = M_f / Z_f = 24.0 \times 10^6 / (1.50 \times 10^5) = 160.0 \text{ N/mm}^2$$

   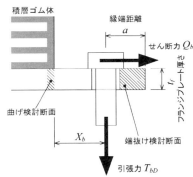

   図 4.3.37 フランジプレートの検討

   ② 端抜けに対するせん断応力度の算定
   取付けボルトの縁端距離：$a = 75$ mm
   ボルト孔径：$\phi_b = 45$ mm
   断面検討位置における
   フランジプレート有効幅：$B_f = 2(a - \phi_b/2) = 2(75 - 48/2) = 102$ mm
   フランジプレート断面積：$A_f = B_f \times t_f = 102 \times 60 = 6,120 \text{ mm}^2$
   フランジプレートの端抜けに対するせん断応力度：
   $$\tau_f = \frac{Q_b}{A_f} = \frac{230.2 \times 10^3}{6,120} = 37.6 \text{ N/mm}^2$$

③ 検討結果
　a) 曲げ応力度に対する検定
　　　　$\sigma_f = 160.0$ N/mm^2 　　　$<$ 　　$f_b = 295$ N/mm^2 　　　OK
　b) せん断応力度に対する検定
　　　　$\tau_f = 37.6$ N/mm^2 　　　$<$ 　　$f_s = 170$ N/mm^2 　　　OK

6) 各種アンカーボルト（スタッドボルト、アンカーボルト）の検討
① せん断力に対する検討
　a) 設計用せん断力の算定
　　　全スタッドボルトで均等にせん断力を負担するものとして算定する。
　　　$q_d = Q_d/n_b = 2{,}762.5/61 = 45.3$ kN/本
　　　ここで、スタッドボルト本数：n_b（=61 本）

　b) 短期許容せん断力の算定
　　　$q_a = \min(q_{a1}, q_{a2}, q_{a3})$
　i) スタッドボルトのせん断降伏強度により決まる場合の短期許容せん断力(q_{a1})
　　　$q_{a1} = \phi_1 \times {}_c\sigma_{qa} \times {}_{sc}a = 1.0 \times 0.7 \times 235 \times 380 \times 10^{-3} = 62.5$ kN/本
　ii) コンクリート躯体の支圧強度により決まる場合の短期許容せん断力(q_{a2})
　　　$q_{a2} = \phi_2 \times {}_c\sigma_{qa} \times {}_{sc}a = 2/3 \times 450 \times 380 \times 10^{-3} = 114.0$ kN/本
　　　ここで、${}_c\sigma_{qa} = 0.5 \times \sqrt{F_c \times E_c} = 0.5 \times 900 = 450$ N/mm^2
　　　　　　（∵ $\sqrt{F_c \times E_c} = \sqrt{48 \times 29{,}816} \fallingdotseq 1196.3 > 900$ より、$\sqrt{F_c \times E_c} = 900$）
　iii) コンクリート躯体の側面コーン状破壊により決まる場合の短期許容せん断力(q_{a3})
　　　$q_{a3} = \phi_2 \times {}_c\sigma_t \times A_{qc} = \phi_2 \times 0.31\sqrt{F_c} \times A_{qc} = 2/3 \times 0.31\sqrt{48} \times 354{,}231 \times 10^{-3} = 507.5$ kN
　　　ここで、$A_{qc} = 0.5 \times \pi \times c^2 = 0.5 \times \pi \times 475^2 = 354{,}231$ mm^2
　iv) 有効埋込み長さの検討
　　　ベースプレートの剛性が十分あり、押さえ効果があるため、検討を省略する。
　　　以上より、スタッドボルトの短期許容せん断力は、次式から求まる。
　　　$q_a = \min(q_{a1}, q_{a2}, q_{a3}) = \min(62.5, 114.0, 507.5) = 62.5$ kN/本 　$\geqq$ 　$q_d = 45.3$ kN 　　　OK

② 引張力に対する検討
　a) 設計引張力の算定
　　　$T_{bD} = 192.0$ kN/本
　b) 短期許容引張力の算定
　　　$P_a = \min(P_{a1}, P_{a2}, P_{a3})$
　i) アンカーボルト軸部の降伏により決まる場合の短期許容引張力(P_{a1})
　　　長ナットと定着板付きボルトの断面積に強度を乗じたものの小さい方として、定着板付きボルトを対象に検討する。
　　　$P_{a1} = \phi_1 \times {}_s\sigma_y \times {}_{sc}a = 1.0 \times 295 \times 1{,}310 \times 10^{-3} = 386.5$ kN 　　（∵ ${}_{sc}a = a_{e3} = 1{,}310$ mm^2）

ii) コンクリート躯体のコーン状破壊により決まる場合の短期許容引張力(P_{a2})

コンクリート面から定着板支圧部までの埋込み長さを900mmとする。
図4.3.38のような破壊面を想定して検討する。

コーン状破壊面水平投影面積は横筋下端位置での面積とし、隣接ボルト間の投影面の重なり面積および取付け躯体側面からかぶり厚さ50mmを除いた面で切られる面積とする。

$L_e = 900 - 50 = 850\text{mm}$
$r_n = L_e + D_n / 2 = 850 + 120 / 2 = 910\text{mm}$
$d_{\min} = \pi \times R_b / n_b = \pi \times 1,650 / 12 = 432.0\text{mm}$
$A_c = 437,672.0 \fallingdotseq 4.37 \times 10^5 \text{mm}^2$
$P_{a2} = \varphi_2 \times 0.31\sqrt{F_c} \times A_c$
$= 2/3 \times 0.31\sqrt{48} \times 4.37 \times 10^5 \times 10^{-3} = 625.7\text{kN}$

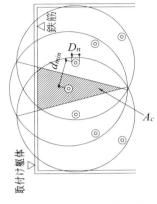

図4.3.38 コーン状破壊面

iii) 定着板の支圧により決まる場合の短期許容引張力(P_{a3})

定着板の支圧面積：$A_0 = (D_n^2 - d_b^2) \times \pi / 4 = (120^2 - 45^2) \times \pi / 4 = 9,719.3\text{mm}^2$

定着板の支圧により決まる短期許容引張力は次式から求まる。

$P_{a3} = \phi_1 \times \alpha_1 \times A_0 \times \sigma_y = 1.0 \times 0.138 \times 9,719.3 \times 325 \times 10^{-3} = 435.9\text{kN}$

ここで、$\alpha_1 = \dfrac{t_n^2}{(2D_n / d_b + 1)(D_n - d_b)^2 / 4} = \dfrac{35^2}{(2 \times 120 / 45 + 1)(120 - 45)^2 / 4} = 0.138$

以上より、アンカーボルトの短期許容引張力(P_a)は次式から求まる。

$P_a = \min(P_{a1}, P_{a2}, P_{a3}) = \min(386.5, 625.7, 435.9) = 386.5\text{kN} \geqq T_{bD} = 193.3\text{kN}$　　OK

iv) アンカーボルト頭部に接するコンクリートの支圧に対する検討

アンカーボルトの許容引張力時の頭部支圧応力度が、コンクリートの短期許容支圧応力度(f_n)以下であることを確認する。

コンクリートの短期許容支圧強度：$f_n = \min(\sqrt{A_c / A_0}, 6) \times F_c = 6 \times 48 = 288\text{N/mm}^2$

$P_a / A_0 = 386.5 \times 10^3 / 9,719.3 = 39.8\text{N/mm}^2 \leqq f_n$　　OK

③ 検討結果

a) 引張力に対する検討

アンカーボルトの設計引張力(T_{bD})が、短期許容引張力(P_a)以下であることを確認した。

$T_{bD} = 193.3\text{ kN/本} \leqq P_a = 386.5\text{ kN/本}$　　OK

b) せん断力に対する検討

スタッドボルトの設計せん断応力(q_d)が、短期許容せん断力(q_a)以下であることを確認した。

$q_d = Q_d / n_b = 2,762.5 / 61 = 45.3\text{ kN/本} \leqq q_a = 62.5\text{ kN/本}$　　OK

7) 圧縮応力に対する検討

最大圧縮応力(N_d)に対して、積層ゴムアイソレータ直下の支圧応力度(σ_c)がコンクリートの短期許容支圧応力度(f_n)以下であることを確認する。

① 積層ゴムアイソレータ直下の支圧応力度(σ_c)の算定

$\sigma_c = N_d/A_1 = 44,334\times10^3/(1,192\times10^3) = 37.2$ N/mm^2

ここで、N_d：上部構造により接合部に作用する圧縮力
A_1：支圧面積

支圧面積(A_1)は次式から算定する。

$A_1 = [2\times\cos^{-1}(\delta/D_c) - \sin\{2\times\cos^{-1}(\delta/D_c)\}]\times D_c^2/4$
$= [2\times\cos^{-1}(500/1,584) - \sin\{2\times\cos^{-1}(500/1,584)\}]\times 1,584^2/4$
$= 1,192\times10^3$ mm^2

ここで、$D_c = \varphi + 2(t_f + t_b) = 1,400 + 2(60+32) = 1,584$ mm

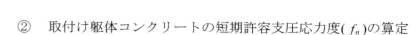

図4.3.39 支圧応力度算定用面積

② 取付け躯体コンクリートの短期許容支圧応力度(f_n)の算定

$f_n = 2/3 \times F_{no} \times \sqrt{{}_nA_c/A_1}$ （ただし、$\sqrt{{}_nA_c/A_1} \leqq 2.0$）
$= 2/3 \times 1.8 F_c^{(0.8-F_c/2000)} \times \sqrt{{}_nA_c/A_1}$
$= 2/3 \times 1.8 \times 48^{(0.8-48/2000)} \times \sqrt{3,281\times10^3/1,192\times10^3}$
$= 40.1$ N/mm^2

ここで、F_{no}：コンクリートの設計基準強度に基づく支圧基準強度 $(=1.8F_c^{(0.8-Fc/2000)})$
${}_nA_c$：支承面積

$D_B \leqq B$ より、支承面積 ${}_nA_c$ は次式から求まる。

${}_nA_c = [2\times\cos^{-1}(\delta/D_B) - \sin\{2\times\cos^{-1}(\delta/D_B)\}]\times D_B^2/4$
$= [2\times\cos^{-1}(500/2,384) - \sin\{2\times\cos^{-1}(500/2,384)\}]\times 2,384^2/4$
$= 3,281\times10^3$ mm^2

$D_B = D_c + H\times2 = 1,584 + 400\times2 = 2,384$ mm

③ 検討結果

支圧応力度に対する検定

$\sigma_c = 37.2$ N/mm^2 $\leqq$ $f_n = 40.1$ N/mm^2　　　OK

(6) 弾性すべり支承接合部の設計

　低摩擦タイプの弾性すべり支承について、接合部の設計例を示す。設計用応力算定の際には許容面圧分の軸力(N_d)を考慮し、接合部縁応力度に引張りは生じないものとする。このため、接合部はスタッドボルトおよび突起付き袋ナットを用いた形式とする。

　接合部に生じるせん断力をスタッドボルトで負担するものとしたときに、部材が短期許容応力度以下であることを確認する。

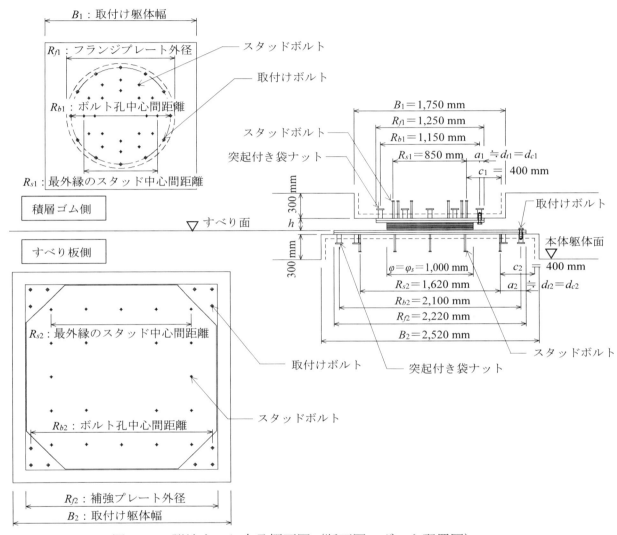

図 4.3.40　弾性すべり支承概要図（断面図、ボルト配置図）

1) 諸　元
① 免震部材
　　弾性すべり支承
　　　内部ゴムのせん断弾性率：$G=0.78\ \mathrm{N/mm^2}$
　　　ゴム外径　　　　　　　：$\varphi=1{,}000\ \mathrm{mm}$　（被覆ゴム含まず）
　　　すべり材外形　　　　　：$\varphi_s=1{,}000\ \mathrm{mm}$（すべり材有効断面積：$A_s=7.834\times10^5\ \mathrm{mm^2}$）
　　　ゴム総厚　　　　　　　：$h_r=8.0\mathrm{mm}\times3\text{層}=24\ \mathrm{mm}$
　　　高さ　　　　　　　　　：$h=142.8\ \mathrm{mm}$
　　　摩擦係数（基準面圧時）：$\mu_0=0.0104$

積層ゴム側フランジプレート（材質：SS400）
  外径　　　　：R_{f1}＝1,250 mm
  半径　　　　：r_1＝625 mm
  板厚　　　　：t_{f1}＝25 mm
  ボルト孔径　：ϕ_{b1}＝33 mm

すべり板側補強プレート（材質：SS400）
  外径　　　　：R_{f2}＝2,220 mm
  半径　　　　：r_2＝1,110 mm
  板厚　　　　：t_{f2}＝25 mm
  ボルト孔径　：ϕ_{b2}＝33 mm

ベースプレート
  板厚　　　　：t_b＝25 mm

② 各種ボルト

積層ゴム側取付けボルト：12－M30（軸部径　30 mm）
  基準強度　　　　　　　　　　　　：強度区分 6.8（長期許容引張応力度 280 N/mm^2）
  有効断面積　　　　　　　　　　　：a_{e1}＝561 mm^2
  全軸部断面積　　　　　　　　　　：a_g＝a_{e1}×12＝6,732 mm^2
  ボルト間距離　　　　　　　　　　：R_{b1}＝1,150 mm
  最外縁のスタッド中心間距離　　　：R_{s1}＝850 mm
  ボルト孔中心間距離　　　　　　　：r_1'＝425 mm
  ボルト縁端距離　　　　　　　　　：d_{c1}＝d_{t1}＝(1,250－850)/2＝200 mm
  ボルト縁端距離（法線方向）　　　：a_1＝(1,250－850)/2＝200 mm
  連結ボルト縁端距離　　　　　　　：l＝(1,250－1,000)/2＝125 mm

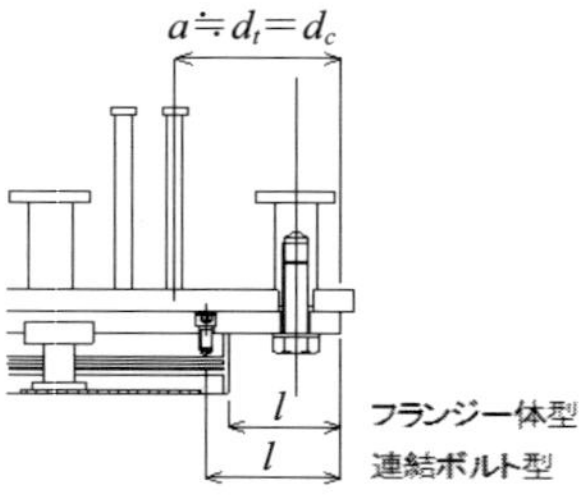

図 4.3.41 諸元の設定

すべり板側取付けボルト：12－M30（軸部径　30 mm）
  基準強度　　　　　　　　　　　　：強度区分 6.8（長期許容引張応力度 280 N/mm^2）
  有効断面積　　　　　　　　　　　：a_{e1}＝561 mm^2
  全軸部断面積　　　　　　　　　　：a_g＝6,732 mm^2
  ボルト間距離　　　　　　　　　　：R_{b2}＝2,100 mm
  最外縁のスタッド中心間距離　　　：R_{s2}＝1,620 mm
  ボルト孔中心間距離　　　　　　　：r_2'＝810 mm
  ボルト縁端距離　　　　　　　　　：d_{c2}＝d_{t2}＝(2,220－1,620)/2＝300 mm
  ボルト縁端距離（法線方向）　　　：a_2＝(2,220－1,620)/2＝300 mm

スタッドボルト（積層ゴム側・すべり板側共通）：20－φ22（材質：400N 級）
  ボルト軸部径　　　　　　：d_b＝22 mm
  軸部有効断面積　　　　　：$_{sc}a$＝$(d_b/2)^2$×π＝$(22/2)^2$×π＝380 mm^2
  ボルト長さ　　　　　　　：L＝250 mm
  スタッドボルト有効長さ　：L_e＝200 mm

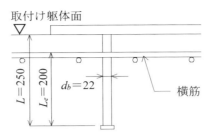

図 4.3.42 スタッドボルト諸元

③ 取付け躯体（梁上立上り）

コンクリートの設計基準強度：F_c48

積層ゴム側取付け躯体幅　　：$B_1=1,750$ mm

すべり板側取付け躯体幅　　：$B_2=2,520$ mm

アンカーボルト芯からかぶり厚さを除いた最小へりあき寸法：

$$c_1=(B_1-R_{s1})/2-50=450-50=400 \text{ mm}$$
$$c_2=(B_2-R_{s2})/2-50=450-50=400 \text{ mm}$$

2) 設計条件

① 水平変形

水平変形（応答変位）　　：$\delta=400$ mm

設計せん断ひずみ　　　　：$\gamma=(\mu_0\times C_{v1})\times\sigma_S/G=(0.0104\times1.50)\times40/0.78=0.80$（80%）

特性変動による割増係数：$C_{v1}=1.50$

積層ゴム部のせん断変形：$\delta_r=\gamma\times h_r=0.80\times24=19.2$ mm

② 水平性能と特性変動

一次剛性　　　　　　　　：$K_1=25.5\times10^3$ kN/m

表 4.3.6 設計基準値に対する変動要因と特性変動（プラス側）

変動要因[*1]	特性変動	
	一次剛性 K_1	摩擦係数 μ_0
製品のばらつき[*2]	+30%	+50%
経年変化（60年後）	+10%	―
環境温度変化（0℃／20℃）	+20%	―
合計	+60%	+50%

*1：摩擦係数の面圧依存性は、許容面圧を考慮する場合については安全側として考慮しない。
*2：製品のばらつきについては個々の製品のばらつきにおける最大変動幅を採用した。

③ 面圧

長期面圧：$\sigma_L=20$ N/mm^2

短期面圧：$\sigma_S=40$ N/mm^2（上下動考慮）

3) 免震部材に生じる応力
 ① 設計用軸力(N_d)の設定
   $N_d = N_L + (N_{E1} + N_{E2}) = A_s \times \sigma_S = 7.834 \times 10^5 \times 40/1,000 = 31,336$ kN

 ② 設計せん断力(Q_d)の設定
   $Q_d = (\mu_0 \times C_{v1}) \times N_d = (0.0104 \times 1.50) \times 31,336 = 488.8$ kN

 ③ 取付け躯体に作用する支圧応力度の算定
   支圧面積(A_1)は、すべり材の有効面積にフランジプレートまたは補強プレート厚さとベースプレート厚さの合計分を拡大した面積とする。
   $A_1 = [2 \times cos^{-1} \times (\delta_r/D_c) - sin\{2 \times cos^{-1}(\delta_r/D_c)\}] \times D_c^2/4$
   $= [2 \times cos^{-1} \times (19.2/1,100) - sin\{2 \times cos^{-1}(19.2/1,100)\}] \times 1,100^2/4$
   $= 929,212$ mm^2
   $D_c = \varphi + 2t_{f1} + 2t_b = 1,000 + 2 \times 25 + 2 \times 25 = 1,100$ mm
   $\sigma_c = \dfrac{N_d}{A_1} = \dfrac{31,336 \times 10^3}{929,212} = 33.7$ N/mm^2

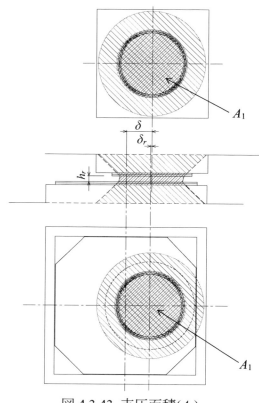

図 4.3.43 支圧面積(A_1)

4) すべり板側の部材の検討
 ① 取付けボルトの検討
  a) 設計せん断力の算定
   $Q_b = Q_d/n_b = 488.8/12 = 40.7$ kN/本

b) 取付けボルトの短期許容せん断力の算定
$$q_a = 1.5 \times f_t / \sqrt{3} \times a_{e1} = 1.5 \times 280/\sqrt{3} \times 561/1{,}000 = 136.0 \text{ kN/本}$$

　c) 検討結果
$$Q_b/q_a = 40.7/136.0 = 0.30 \leqq 1.0 \quad \text{OK}$$

② 補強プレートの検討
　a) 端抜けに対するせん断応力度の算定
　　補強プレート有効幅：$B_f = 2(a_2 - \phi_{b2}/2) = 2(60 - 33/2) = 87$ mm
　　補強プレート断面積：$A_f = B_f \times t_{f2} = 87 \times 25 = 2{,}175$ mm^2
　　補強プレートの端抜けに対するせん断応力度：$\tau_f = \dfrac{Q_b}{A_f} = \dfrac{40.7 \times 10^3}{2{,}175} = 18.7$ N/mm^2

b) 検討結果
$$\tau_f = 18.7 \text{ N/mm}^2 \leqq f_s = 135 \text{ N/mm}^2 \quad \text{OK}$$

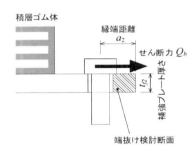

図 4.3.44 フランジプレートの検討

③ スタッドボルトの検討
　a) 設計用せん断力の算定
$$Q_b = Q_d/n_b = 488.8/20 = 24.4 \text{ kN/本}$$

　b) 短期許容せん断力の算定
　　i) スタッドボルトのせん断降伏強度により決まる場合の短期許容せん断力(q_{a1})
$$q_{a1} = \phi_1 \times {}_s\sigma_{qa} \times {}_{sc}a = 1.0 \times 0.7 \times 235 \times 380 \times 10^{-3} = 62.5 \text{ kN}$$

　　ii) コンクリート躯体の支圧強度により決まる場合の短期許容せん断力(q_{a2})
$$q_{a2} = \phi_2 \times {}_c\sigma_{qa} \times {}_{sc}a = \phi_2 \times 0.5 \times \sqrt{(F_c \times E_c)} \times {}_{sc}a = 2/3 \times 0.5 \times \sqrt{(48 \times 28{,}561)} \times 380 \times 10^{-3} = 148.5 \text{ kN}$$

　　iii) コンクリート躯体の側面コーン状破壊により決まる場合の短期許容せん断力(q_{a3})
$$q_{a3} = \phi_2 \times {}_c\sigma_t \times A_{qc} = \phi_2 \times 0.31 \times \sqrt{F_c} \times A_{qc} = 2/3 \times 0.31 \times \sqrt{48} \times 251{,}327.4 \times 10^{-3} = 359.5 \text{ kN}$$
$$A_{qc} = 0.5 \times \pi \times c^2 = 0.5 \times \pi \times 400^2 = 251{,}327.4 \text{ mm}^2$$

　　以上より、スタッドボルトの短期許容せん断力は、
$$q_a = \min(q_{a1}, q_{a2}, q_{a3}) = \min(62.5, 148.5, 359.5) = 62.5 \text{ kN}$$

　c) 検討結果
$$Q_b = 24.4 \text{ kN/本} \leqq q_a = 62.5 \text{ kN/本} \quad \text{OK}$$

④ 圧縮力に対する検討
　a) 積層ゴムアイソレータ直下の支圧応力度の算定(σ_c)
$$\sigma_c = \dfrac{N_d}{A_1} = \dfrac{31{,}336 \times 10^3}{929{,}212} = 33.7 \text{ N/mm}^2$$

b) 取付け躯体コンクリートの短期許容支圧応力度(f_n)の算定

取付け躯体の支承面積($_nA_c$):

取付け躯体の高さによる支承面積の広がりと、すべり支承の移動を考慮した基礎幅 B_2' との比較から、

$D_B = D_c + H \times 2 = 1,100 + 300 \times 2 = 1,700$ mm $\leqq B_2'$

$B_2' = 2 \times \{B_2/2 - (\delta - \delta_r)\} = 2 \times \{2,520/2 - (400 - 19.2)\} = 1,758$ mm

ここで、H:取付け躯体の高さ、δ:すべり支承の水平変位

上記より、

$_nA_c = [2 \times cos^{-1} \times (\delta_r/D_B) - sin\{2 \times cos^{-1}(\delta_r/D_B)\}] \times D_B^2/4$
$= [2 \times cos^{-1} \times (19.2/1,700) - sin\{2 \times cos^{-1}(19.2/1,700)\}] \times 1,700^2/4$
$= 2,237,161$ mm^2

コンクリートの短期許容支圧応力度:

$f_n = \frac{2}{3} \times F_{n0} \times \sqrt{(_nA_c/A_1)} = \frac{2}{3} \times 1.8 F_c^{(0.8-F_c/2000)} \times 1.55 = \frac{2}{3} \times 1.8 \times 48^{(0.8-48/2000)} \times 1.55 = 37.5$ N/mm^2

$\sqrt{(_nA_c/A_1)} = \sqrt{(2,237,161/929,212)} = 1.55 \leqq 2 \rightarrow \sqrt{(_nA_c/A_1)} = 1.55$

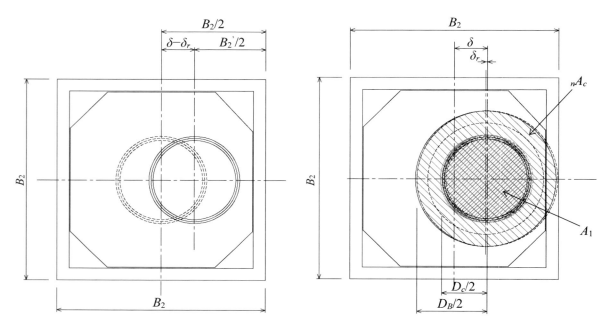

図4.3.45 支承面積($_nA_c$)

c) 検討結果

支圧応力度に対する検定

$\sigma_c = 33.7$ N/mm^2 $\leqq$ $f_n = 37.5$ N/mm^2 OK

5) 積層ゴム側の部材の検討

積層ゴム側の部材においても、せん断力の伝達についてすべり板側と同様に検討する。

なお、高摩擦タイプで装置高さの高い弾性すべり支承を採用する場合には、取付けボルトや突起付きボルトに引張力が作用する可能性があることから、ボルトに作用する軸力を考慮して設計することが必要である。

(参考）接合部縁応力度および取付けボルトの引張応力度の算定例

a) 接合部縁応力度の確認

$\varphi/h = 1,000/142.8 = 7.00 \geqq 8\mu_0 = 8 \times 0.0104 = 0.08$ → 引張りは生じない

b) 取付けボルトに作用する引張応力度の算定

a)で縁応力度に引張りは生じないとなったが、ここで念のため、取付けボルトに引張力が作用しないことを確認する。ヤング係数比(n_E)は $\phi_E = 1.5$ として以下の数値とし、中立軸が断面内にあるものとして $S_n = 0$ となるように算定する。

$n_E = \phi_E \times \dfrac{E_s}{E_c} = 1.5 \times \dfrac{205,000}{28,561} = 10.8$

i) 中立軸の算定（式 4.1〜4.3 より）

$\theta = 0.996\ rad = 57.1°$
$\sin\theta = 0.839$
$\cos\theta = 0.543$
$x_n = r_1 \times (1 - \cos\theta) = 625 \times (1 - 0.543) = 285.6$ mm　$(0 \leqq x_n \leqq R_{f1} = 1,250)$

ii) 断面二次モーメントの算定（式 4.2 より）

$I_n = r_1^4 \times \left\{\theta \times \left(\dfrac{1}{4} + \cos^2\theta\right) - \sin\theta\cos\theta \times \left(\dfrac{13}{12} + \dfrac{1}{6} \times \cos^2\theta\right)\right\} + n_E \times r_1^2 \times a_g \times \left\{\dfrac{1}{2} \times \left(\dfrac{r_1{'}}{r_1}\right)^2 + \cos^2\theta\right\}$

$= 625^4 \times \left\{0.996 \times \left(\dfrac{1}{4} + 0.543^2\right) - 0.839 \times 0.543 \times \left(\dfrac{13}{12} + \dfrac{1}{6} \times 0.543^2\right)\right\} + 10.8 \times 625^2 \times 6,732 \times \left\{\dfrac{1}{2} \times \left(\dfrac{425}{625}\right)^2 + 0.543^2\right\}$

$= 1.90 \times 10^{10}$ mm^4

iii) 取付けボルトに作用する曲げモーメントの算定（式 4.30 より）

$M_d = Q_d \times h = 488.8 \times 142.8/1,000 = 69.8$ kNm

iv) 取付けボルト応力度の算定（圧縮を正）（式 4.5 より）

$_{BOLT}\sigma_1 = \dfrac{n_E \times (x_n - d_{c1}) \times M_d}{I_n} + \sigma_s = \dfrac{10.8 \times (285.6 - 200) \times 69.8 \times 10^6}{1.90 \times 10^{10}} + 40 = 43.3$ N/mm^2 > 0

$_{BOLT}\sigma_2 = \dfrac{n_E \times (x_n + d_{t1} - R_{f1}) \times M_d}{I_n} + \sigma_s = \dfrac{10.8 \times (285.6 + 200 - 1,250) \times 69.8 \times 10^6}{1.90 \times 10^{10}} + 40 = 9.7$ N/mm^2 > 0

よって、取付けボルトには引張力は作用しない。

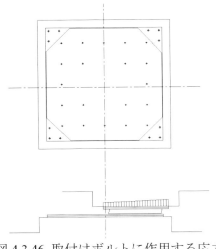
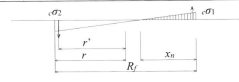

図 4.3.46 取付けボルトに作用する応力　　図 4.3.47 平面保持を仮定した場合の応力度分布

参考文献

*4-1)：日本建築学会「免震構造設計指針」 2001

*4-2)：三山「積層ゴムの上下面に回転角を与えた場合の力学性状に関する研究」日本建築学会構造系論文集第 556 号 2002 年 6 月

*4-3)：佐藤、中川、他「積層ゴム支承の回転剛性を考慮した反曲点高さの影響検討（その 1、その 2）」日本建築学会大会学術講演梗概集（関東） 2024 年 8 月

*4-4)：広瀬、他「免震装置基礎躯体定着アンカー引張試験（その 1、その 2）」日本建築学会大会学術講演梗概集 2004 年 8 月

*4-5)：「積層ゴム支承を固定するベースプレート工法の接合部の応力算定法」-JSSI 技術委員会「接合ゴムのベースプレート WG」報告-「MENSHIN」No.97 号 2017.7

*4-6)：日本建築センター「性能評価を踏まえた『建築物の構造設計実務のポイント』（その 6）コンクリートの支圧強度について」ビルディングレター 2024.3

*4-7)：日本建築学会「プレストレストコンクリート設計施工規準・同解説」 2022 年

*4-8)：土井、吉敷他「球面すべり支承の下部コンクリートにおける支圧応力度」2023 年度日本建築学会関東支部研究報告集 2024 年 3 月 p.p413-416

*4-9)：日本建築センター「性能評価を踏まえた超高層建築物の構造設計実務」6.3.7 コンクリートの強度差の検討 令和元年 7 月 30 日

*4-10)：日鉄エンジニアリング（株）「免震 NSU 型ダンパー」パンフレット 2023.02 版

*4-11)：日鉄エンジニアリング（株）「別置型免震 NSU ダンパー接合部設計マニュアル」Rev.5.2b 2024 年 4 月

*4-12)：日鉄エンジニアリング（株）「免震 NSU ダンパー技術資料」改定 4.1 2019 年 4 月版

*4-13)：日鉄エンジニアリング（株）「積層ゴム一体型免震 NSU 型ダンパー設計マニュアル」Rev. （NSUD45x4-0700-53x26 参考図） 2022 年 10 月

5. 取付け躯体の設計
5.1 アイソレータ
(1) 取付け躯体の設計

1) 取付け躯体の設計用応力

図 5.1.1 に積層ゴムアイソレータ取付け躯体の設計用応力および、図 5.1.2 に弾性すべり支承取付け躯体の設計用応力を示す。取付け躯体の設計用応力は、極めて稀に発生する地震動に対する積層ゴムアイソレータの水平変形によるせん断力(Q_d)、せん断力による曲げモーメント($_tM_d$, $_bM_d$)および上部構造の軸力(N_d)および P－⊿効果によるによる付加曲げモーメント(M_v)とする。設計用応力算定するにあたり、免震部材高さの中央位置を反曲点高さと仮定し、応力を算出する。[*5-1)]

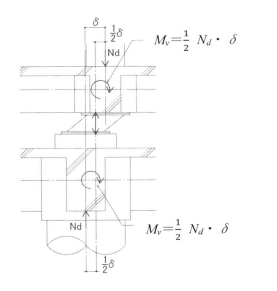 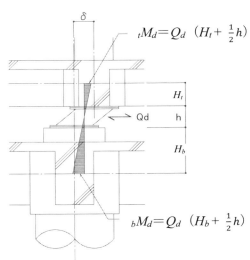

　　免震層の水平変位により生じる応力　　積層ゴムアイソレータのせん断力により生じる応力

図 5.1.1 積層ゴムアイソレータ取付け躯体の設計用応力

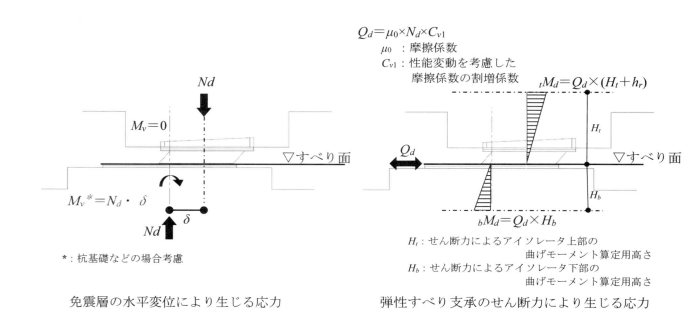

図 5.1.2 弾性すべり支承取付け躯体の設計用応力

2) 取付け躯体の設計

取付け躯体に作用する応力が短期許容応力以内となるように設計する。取付け躯体は、引張軸力が作用する部材と作用しない部材や、アイソレータの接合面が梁や床面からの立ち上がりが大きい場合など、それぞれの部材に作用する応力状態を適切に評価した設計を行う。また、ベースプレートと躯体のへりあき寸法に余裕を確保し、ベースプレート、アンカーボルトの応力を確実に取付け躯体に伝達する。

① 引張軸力が作用しない場合

取付け躯体は、突起付ボルト、スタッドボルトの引張耐力を確保するため、横筋、側面をフープ筋により拘束する。取付け躯体のへりあき寸法を十分に確保することで、せん断耐力および、圧縮軸力（支圧）に配慮する。梁やスラブ面からの立上り高さが大きい場合は、柱として設計を行う。

② 引張軸力が作用する場合

取付け躯体は、柱として設計するなど引張力を考慮した断面とする。引張軸力が作用しない場合よりもフープ筋による拘束を十分に行う。

(2) 標準ディテール

取付け躯体の標準的な配筋例と留意点について以下に記す。

1) 引張軸力が作用しない場合

ベースプレート上部および下部の水平鉄筋（横筋）は、図 5.1.3 の A－A 断面のようにメッシュ状に配筋されるため、袋ナットまたは突起付きボルト、スタッドボルト先端位置が横筋に近く、埋込み長さ(L_e)が横筋より十分深くない場合は、横筋がコンクリートに対する断面欠損となり、スタッドボルト等に引張力が働くと水平に割裂が生じ、引張耐力が不足することがある。なお、本指針では、コンクリート躯体のコーン状破壊による引張耐力の算定でのスタッドボルトなどの埋込み長さは、取付け躯体のコンクリート面ではなく横筋位置とすることを推奨する。

取付け躯体は、圧縮応力に対し余裕を確保すること、躯体配筋と袋ナットとの干渉などを考慮し、積層ゴムアイソレータのベースプレート端から150mm 以上大きくする。また、梁上の立上り部分、梁下部分は、フープ筋による拘束を十分に行う。

＊本指針の適用範囲は、ベースプレートがフランジプレートと同等かそれ以上の剛性がある場合に限る。

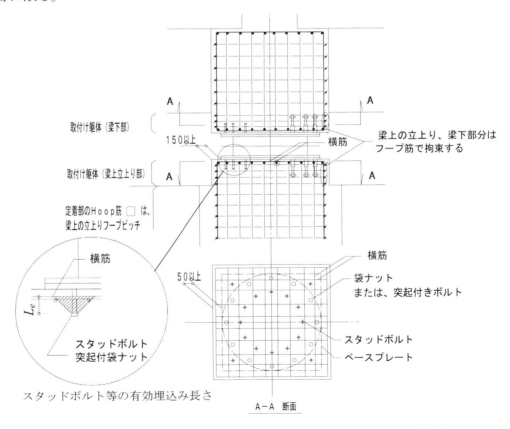

図 5.1.3 引張軸力が作用しない積層ゴムアイソレータの配筋例

取付け躯体の立ち上がりが低い場合で、基礎幅が十分確保（例えば、基礎幅が圧縮応力の広がり角度45度以内）されている躯体形状では、曲げによる引張鉄筋が必要とならない場合があるが、取付け躯体の梁上の立上り部分が高い場合は、取付け躯体を柱として断面設計し配筋を決定する。また、取付け躯体は断面サイズが大きく、外周部の配筋だけでは十分な拘束効果は得られないため、フープ筋は図5.1.4のB－B断面のように適宜中子筋を配筋し横補強筋比（または、せん断補強筋比）0.2%以上の配筋量とする。

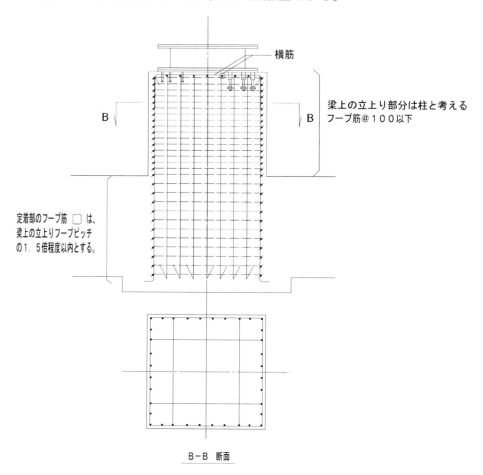

図5.1.4 取付け躯体の立上りが高い場合の配筋例
(引張軸力が作用しない場合)

2) 引張軸力が作用するアイソレータの場合

引張力対応型の転がり支承など、大きな引張軸力が作用する場合は、取付け躯体を柱として断面設計し配筋を決定する。引張軸力の大きさによっては、アンカーボルト周辺に補助筋を配筋したり、せん断耐力をせん断補強筋のみで算定したりすることなどの配慮が必要である。また、取付け躯体の断面サイズが大きく、外周部の配筋だけでは十分な拘束効果は得られないため、フープ筋は適宜中子筋を配筋し補強筋比（または、せん断補強筋比）0.2%以上の配筋量とする。

図 5.1.5 に示すように、アンカーボルトは取付け躯体から大梁などの本体躯体へ定着を確保するディテールを標準とするが、取付け躯体内でアンカーボルトが留まる場合、アンカーボルトの引張力が取付け躯体を介して本体躯体にスムーズに伝達されるように補強筋を適宜配置し、打ち継ぎ部の応力伝達を確保するなど配慮する。また、引張軸力が作用しないアイソレータに比べ圧縮応力も大きくなるため、積層ゴムアイソレータのベースプレート端と取付け躯体のへりあきに 150mm 以上の余裕をもたせ、圧縮応力に対しても十分な耐力を確保する。

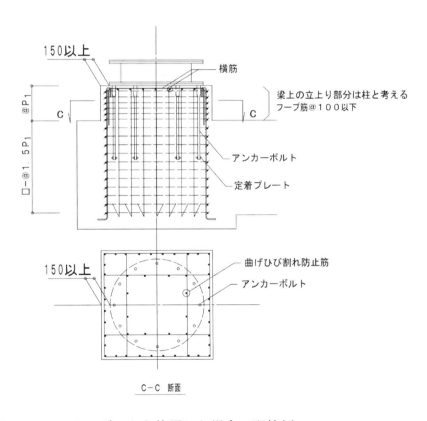

図 5.1.5 アンカーボルトを使用した場合の配筋例

3) 打ち継ぎ部での配慮

　立ち上がり部の打ち継ぎについては、せん断伝達の健全性が確保できることが前提である。施工上、せん断伝達の確保が懸念される場合などでは、取付け躯体の主筋（軸鉄筋）のみでせん断耐力を確保することや、図 5.1.6 のように打ち継ぎ面をコッター形状とするなどせん断耐力を確保する。

　立ち上がり部分が低い場合で、打ち継ぎ躯体内で突起付きボルトが留まる場合、突起付きボルトの引張力を本体躯体にスムーズに伝達されるように図 5.1.7 のように、ボルト近傍に補強筋を適宜配置することや、図 5.1.8 の立上がり部の主筋定着長を確保するなど、打ち継ぎ部の応力伝達に配慮する。

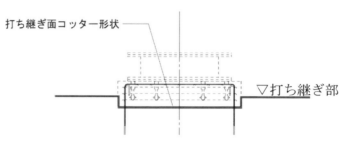

図 5.1.6 打ち継ぎ部のコッター形状

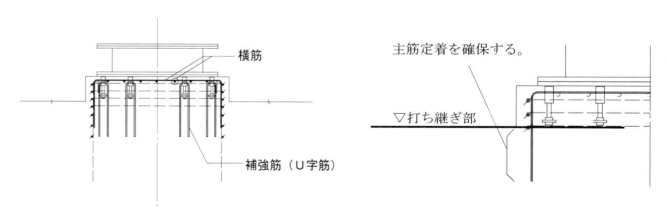

図 5.1.7 打ち継ぎ部の補強筋例　　　　　　　　図 5.1.8 打ち継ぎ部の定着

5.2　ダンパー
(1) 取付け躯体の設計

ダンパー性能を発揮するために、ダンパー水平反力に対して取付け躯体および架台に取付く周辺部材（梁、耐圧版など）の剛性および耐力を確保する。特に、ねじれ応力が発生する場合には梁を設けるなど配慮する必要がある。

1) 鉛直方向に取付くダンパーの場合

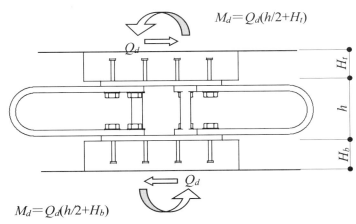

図 5.2.1　ダンパー周りの水平変形時応力

図 5.2.1 に取付け躯体に作用する応力を示す。設計用最大水平変形は極めて稀に発生する地震動時相当として、免震部材の変動特性を考慮する。

2) 水平方向に取付くダンパーの場合

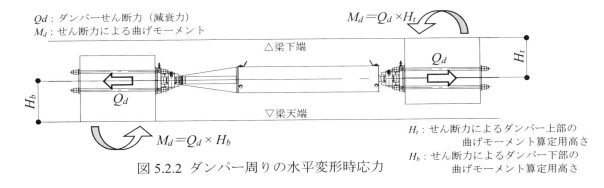

図 5.2.2　ダンパー周りの水平変形時応力

取付け躯体に作用する応力はダンパーに作用する減衰力とし、減衰力の大きさは最大応答値やダンパーの最大減衰力を適切に考慮する。また、ダンパーの特性変動および応力の方向性を適切に考慮する。

オイルダンパーの躯体への取付けボルトは通しボルト形式を基本とする。これは地震による多数回の繰返し振動を受けた場合に発生するボルトの抜け出しを防止することを目的としている。通しボルト形式とした場合でも、アンボンドタイプと付着タイプが考えられるが、それぞれの特徴を理解し、緩みや伸びの発生しにくい仕様とする必要がある。

3) 打ち継ぎ部に対する配慮

取付け躯体の打ち継ぎ部については、せん断伝達の健全性が確保できることが前提である。施工上、せん断伝達の確保が懸念される場合などでは、取付け躯体の主筋（軸鉄筋）の設計において主筋によるせん断伝達が可能となるよう余裕度を確保することや、打ち継ぎ面をコッター形状とするなどせん断耐力を確保する。

(2) 取付け躯体の設計例

ダンパーの取付け躯体の設計例として、オイルダンパーの設計例を以下に示す。

1) オイルダンパーの取付け躯体の設計例

① 接合部および取付け躯体

　　　取付けボルト　4－M39　SD345材
　　　　　　周長＝122.5mm、断面積＝1,195mm^2
　　　躯体形状　オイルダンパー基礎の躯体幅　：b＝1,000
　　　　　　　　オイルダンパー基礎の躯体せい：D＝1,300
　　　主　　筋：20－D29　SD390
　　　フープ筋：4－D16@100

② 設計条件

オイルダンパーの設計条件は、【4.2 ダンパー (2) 2) ①設計条件】を参照

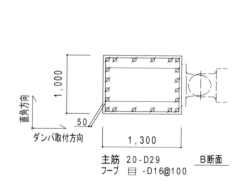
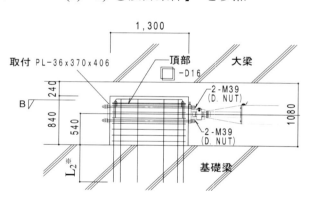

※：L_2かつ基礎梁せいの3/4以上を原則とする。
（L_2：鉄筋コンクリート造配筋指針・同解説に準ずる直線定着長さ）

図5.2.3　オイルダンパー取付け部

取付け躯体は柱として断面検定を行う。

　　設計用せん断力 Q_d＝1,200 kN
　　設計用曲げモーメント M_d＝1,200×0.54＝648 kNm
　　設計用軸力 N_d＝(11.8×2)/2＋1.3×1.0×24.0×0.84＝38.01 kN
　　（圧縮側、引張側両方考慮する）

a) 曲げモーメントに対する設計
　　F_c24 として「RC 規準」断面算定用図 14.4 より
　　$N_d/(b×D)$＝38×10³/(1,000×1,300)＝0.029
　　$M_d/(b×D^2)$＝648×10⁶/(1,000×1300²)＝0.38 → P_t＝0.12% ＜ 6－D29（P_t＝0.30%）　O.K
　　　　　　　　　　　　　　　　　　　　　　　　　　　　　　　　　　　　　P_t：引張鉄筋比

b) せん断力に対する設計
　　オイルダンパー基礎は、地震後の過大なせん断ひび割れ防止とともに地震時の取付部剛性も必要となるため、せん断力に対する検討では RC 規準の損傷制御式を適用する。
　　f_s＝1.095 N/mm²（短期）、P_w＝199×4/1,000/100＝0.008、$α_3$＝1.5　より
　　Q_A＝1,000×1200×7/8×{2/3×1.5×1.095＋0.5×295(0.008－0.002)}/10³＝2,073 kN＞1,200 kN
　　　　Q_A：オイルダンパー基礎の短期許容せん断力
　　Q_d に対する必要せん断補強筋比：P_w＝0.0023

c) 材軸直交方向に変形した場合のねじりに対する設計
　　取付け躯体に生じるねじり応力に対して、「RC 規準」による検討を行う。
　　ねじりモーメント M_t は、ダンパー軸方向の地震時に、直交方向にずれを生じた場合と、直交方向の地震時に最大速度を考慮した場合を想定する。

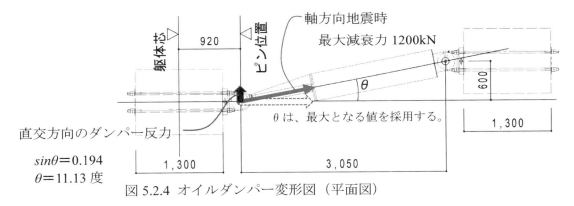

図 5.2.4　オイルダンパー変形図（平面図）

　　いずれの場合も、安全側としてオイルダンパーが最も縮んだ状態で直交方向に建物のクリアランス 600mm のずれを考慮し、ピン位置のオイルダンパーの最大減衰力の直交方向のダンパー反力を用いてねじりモーメント M_t を算定する。
　　M_t＝1,200×$\sinθ$×920＝1,200×0.194×920＝214.1 kNm を採用する。
　　$M_t ≦ (b^2×D/3)×4×f_s$ の確認
　　　　＝(1,000²×1,300/3)×4×1.095/10⁶＝1,898 kNm
　　よって、　214.1 kNm ≦ 1,898 kNm　　O.K

材軸に沿いフープ間隔(p)で配置する閉鎖形あばら筋1本の必要断面積(a_l)は、

$a_l = M_t \times p / 2 \cdot {}_wf_t \times A_F$
$= 157.6 \times 100 \times 10^6 / \{2 \times 295 \times (1,300-100) \times (1,000-100)\}$
$= 24.7 \text{ mm}^2$ （$P_w = 0.0002 \leqq 0.002\ ^*$） O.K

＊せん断力に対する必要補強筋量を除いた補強筋比

${}_wf_t$：あばら筋の短期許容せん断応力度

A_F：あばら筋の芯で囲まれたコンクリート核の面積

軸方向筋の全必要断面積(a_s)は、

$a_s = M_t \times \phi_F / 2 \cdot {}_tf_t \times A_F$
$= 157.6 \times 10^6 \times \{(1,300-100)+(1,000-100)\} \times 2 / \{2 \times 390 \times 1200 \times 900)\ \}$
$= 786 \text{ mm}^2 < 2,295 \text{ mm}^{2\ *}$ O.K

＊曲げモーメントに対する必要補強筋量を除いた主筋断面積

${}_tf_t$：軸方向筋の短期許容引張応力

ϕ_F：あばら筋の芯で囲まれたコンクリート核の周長

よって、直交方向にずれを考慮した時のねじりモーメントに対して、安全であることを確認した。なお、直交方向に作用する水平力は、直交する小梁で処理する計画であるが、ここでは検討を省略した。

(3) 標準ディテールと設計留意事項

1) 鋼製ダンパー

U型鋼製ダンパーの取付け例を図5.2.5に、ねじれ応力に対する部材配置例を図5.2.6に示す。

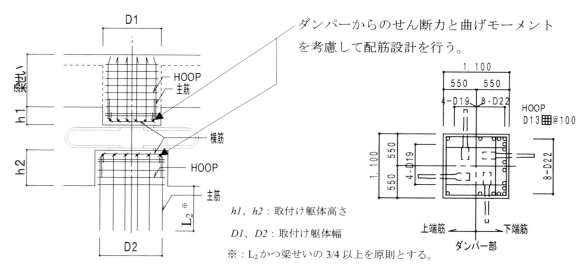

図5.2.5 U型鋼製ダンパー取付け例

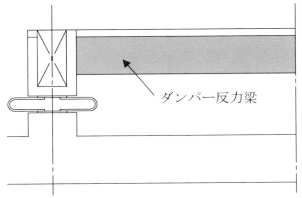

大梁に発生するねじれ応力に対し、ダンパー反力梁を設けるなどさまざまな方向のダンパー反力の伝達を考慮する。

a) U型鋼製ダンパー

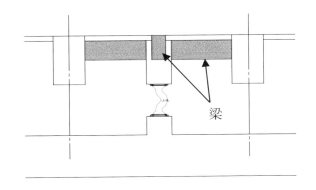

大梁などの主フレーム外にダンパーが配置される場合には、小梁等によりダンパーの付加曲げを負担し、取付け部の剛性と耐力を確保する。

b) 鉛ダンパー

図 5.2.6 ダンパー反力梁配置例

2) オイルダンパー等

オイルダンパー取付け例を図 5.2.7 に示す。また、取付け躯体の配筋例を図 5.2.8 に示す。

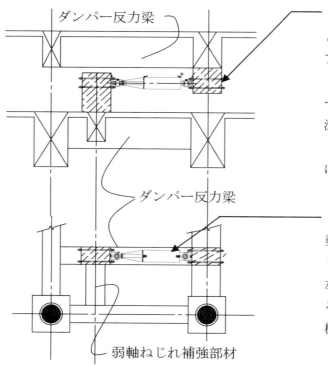

図 5.2.7 オイルダンパー取付け例（ダンパー反力梁配置例）

・ダンパーの減衰力による引張力とダンパー自重によるせん断力でアンカーボルトを設計する。
・アンカーボルトの本数は、ダンパーの取付け（施工）方法も考慮して決定する。
・オイルダンパーの躯体への取付けボルトは通しボルト形式とする。

・ダンパーと軸方向が同じ梁・基礎梁に取付け躯体を設けるのが望ましいが、免震層のねじれ対策などで左図のように梁の弱軸に取り付ける場合、小梁等によるねじれ補強を検討することが必要となる。

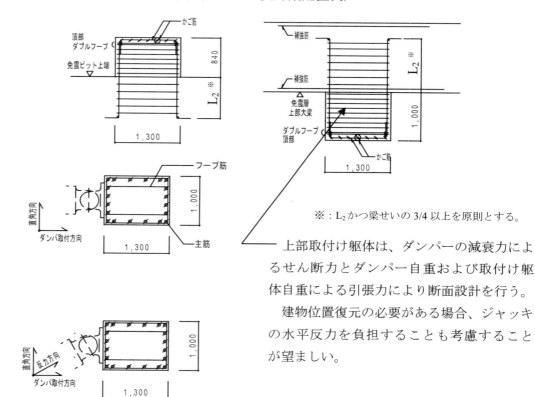

※：L_2 かつ梁せいの 3/4 以上を原則とする。

・上部取付け躯体は、ダンパーの減衰力によるせん断力とダンパー自重および取付け躯体自重による引張力により断面設計を行う。
・建物位置復元の必要がある場合、ジャッキの水平反力を負担することも考慮することが望ましい。

図 5.2.8 オイルダンパー取付け躯体配筋例

図 5.2.9 に示すように、地震力の作用方向によってダンパーの反力も向きを変えるため、アンカーボルトの反力も変わる。そのため取付け躯体には、ねじれ応力も発生する。

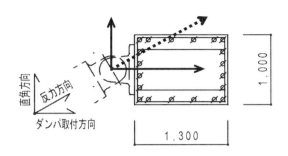

図 5.2.9 オイルダンパーの反力とその分力

・オイルダンパーおよび取付け部基礎の図面記載例

　免震部材配置図（伏図）では、オイルダンパーの配置位置だけでなく、取付け部基礎の上下関係およびダンパーの向きがわかる図面表現を推奨する。参考例を図 5.2.10 に示す。

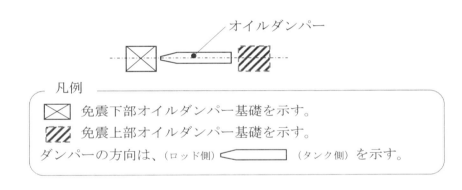

図 5.2.10 免震部材（ダンパー）配置図の例

参考文献

*5-1)：佐藤、中川、他「積層ゴム支承の回転剛性を考慮した反曲点高さの影響検討（その1、その2）」日本建築学会大会学術講演梗概集（関東）　2024 年 8 月

6. 参考資料

6.1 免震材料に使用する高強度取付けボルトの扱いについて

(1) 建築基準法における免震材料用取付けボルトの取り扱いについて

　　免震材料を固定する取付けボルトとして高強度ボルト（8.8級および10.9級）を使用する場合は、図6.1.1に示す扱いとなっている。なお、第3版からの改訂項目は特にない。

　　H12建告2009号第6による免震建築物では、F値の規定がない高強度ボルトは使用できない。また、時刻歴応答解析を採用する大臣認定取得建築物では、高強度ボルトの強度設定を含めた構造性能評価を受け、大臣認定を取得した場合に限り使用することができる。この場合、設計者は、高強度ボルトの強度を設定した根拠となる実験などの資料を性能評価機関に提出し、その妥当性の評価を受けることとなる。

　　よって、大臣認定取得建築物に高強度ボルトを使用する場合は、性能評価機関と事前協議を行い、その取り扱いについて確認するよう留意されたい。

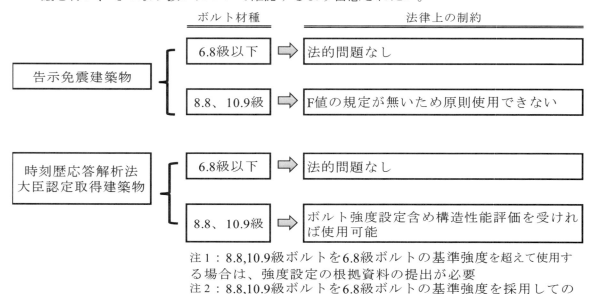

図6.1.1 高強度ボルトの取り扱い

(2) 高強度ボルトを使用する際の留意点

　　大臣認定取得建築物に高強度ボルトを採用する際の留意点を以下に示す。

① 高強度ボルトは、中ボルトとする。（高力ボルトは、ボルト、ナットおよび座金のセットで大臣認定を取得しているため、ボルト単独での使用は不可）
② 高強度ボルトは、JIS認証品とする。
③ ナットにSS400材を使用する場合（ボルトとナットに強度差がある場合）は、ネジ部で決まらないよう（ボルト軸部降伏）設計する。
④ ボルトとナットの螺合長は、原則1.5D以上確保する。ただし、実験などでボルトの軸部破断を確認された場合はこの限りではない。
⑤ ナットに延伸加工した六角高ナットを使用する場合、延伸加工の品質管理に留意する。

(3) 日本免震構造協会の高強度ボルト対応状況

当協会では、2012年2月～2015年9月まで特別委員会「高強度ボルト接合委員会」（主査：竹内徹）を設置し、高強度ボルトの使用に関する問題について活動を行ってきた。

活動当初は、高強度ボルト（中ボルト、強度区分10.9）について、ボルト、ナットの組合せでF値の取得（大臣認定）を目指していたが、関係各所と協議を経て「個別評定を取得することで対応する」との結論となった。

免震材料取付け用高強度せん断ボルトセットの個別評定の第1号として、協会誌「MENSHIN NO.98」[*6-1)]で紹介されているので参考にして頂きたい。

(4) フランジプレートのボルト孔径について

フランジプレートのボルト孔径は施工誤差などを考慮して、ボルト径よりも＋3mm程度大きな孔が設けられている場合がある。文献[*6-2),*6-3)]より、水平変形時に若干のすべりは生じているものの、図 6.1.2 に示す荷重－変形関係などに影響がないことが確認されている。

文献[*6-2)]の実験では、直径φ600mmの天然ゴム系積層ゴムを用いて面圧15MPaに対してせん断ひずみ±100%～400%まで、せん断ひずみ±250%に対して面圧-1MPa～15MPaまでの荷重－変形関係、ボルト軸力、フランジ応力度などを確認している。

文献[*6-3)]の実験では、直径φ800mmの天然ゴム系積層ゴムにおいて、面圧0MPa、11MPaの場合それぞれに対してせん断ひずみ±100%、±300%を確認し、直径φ1300mmの天然ゴム系積層ゴムにおいて、面圧0MPa、15MPaの場合それぞれに対してせん断ひずみ±100%、±250%の確認を行っている。また、引張加振を行った後に引張面圧時（-0.8～-1.0MPa）に対して上記の最大せん断ひずみまでの確認を行っている。

文献[*6-2),*6-3)]の実験結果より、大臣認定取得建築物はボルト孔径＝ボルト径＋3mmを採用しても問題ないと判断される。

なお、告示2009号第6の方法は限界耐力計算と同等以上に安全性を確認できる構造計算となるため、施行令第68条（ボルト孔径＝ボルト径＋1mm～1.5mm）は適用されないが、この計算方法を採用する場合も同様にボルト孔径＝ボルト径＋3mmを最大孔径として問題ないと判断される。

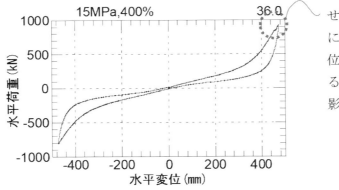

せん断ひずみ 400%の正側加力時に380%（ゴム総厚117mm,水平変位445mm）ですべりが発生しているものの、荷重変形関係に大きな影響はみられない。

図 6.1.2 面圧15Mpa せん断ひずみ400%の実験結果（ボルト孔径36mm）[*6-2)]

6.2 免震部材と鉄骨部材の接合について

(1) 鉄骨造での免震部材接合形式

　鉄骨造において積層ゴムアイソレータと接合される鉄骨柱脚部は、図 6.2.1 に示すように積層ゴムアイソレータのフランジプレートと同サイズ程度のベースプレートを設け、脚部の柱周囲にリブプレートを配置し剛性を確保する形式が多く採用されている。

　一方、中間層免震の場合は、免震部材を含め柱や梁部材に対して耐火性能が要求される。そのため、耐火性能を確保する目的で、図 6.2.2 のように RC 造で被覆する形式が採用されている[6-4]。

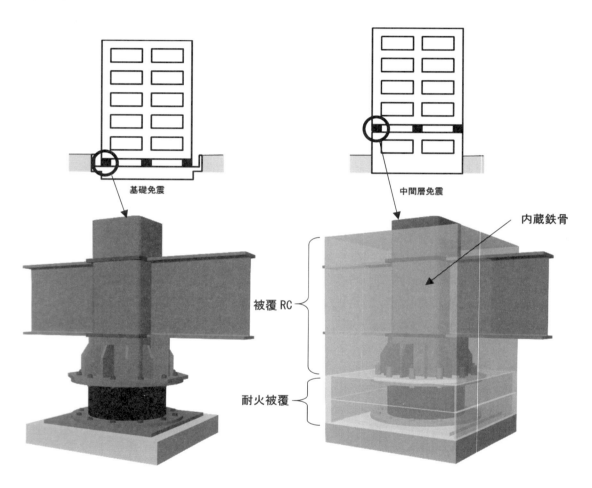

　　図 6.2.1　免震部材接合例（基礎免震）　　図 6.2.2　免震部材接合例（中間層免震）

(2) 設計上の留意点

積層ゴムアイソレータと鉄骨部材との接合部における留意点を以下に示す。

① 柱からの応力をスムーズに積層ゴムアイソレータに流すための伝達機構に配慮する[6-5]。鉄筋コンクリート柱と異なり、鉄骨柱では内部が空洞であることや積層ゴムアイソレータのゴム径と柱断面サイズ差が大きい場合もあるため、積層ゴムの面圧が均等となるように、例えば、「ベースプレートの厚さを厚くする」、「角型鋼管柱内に十字PL設置する(図6.2.3参照)」、「CFT柱を採用する」など、応力伝達に配慮する必要がある。

② 鉄骨柱脚部の回転変形が、積層ゴムアイソレータに影響を及ぼさないように、取付け躯体(周辺フレームを含む)の剛性および耐力を確保する。

③ 積層ゴムアイソレータの水平変形により生じる付加曲げモーメント(5章参照)に対し、取付け躯体の耐力を確保するとともに、鉄骨架台では応力伝達に配慮したディテールとする。

④ 積層ゴムアイソレータの取付ボルト反力(特に引張力)に対し、フランジプレートを厚くする、もしくはリブプレートを配置するなど、応力伝達に配慮したディテールとする。

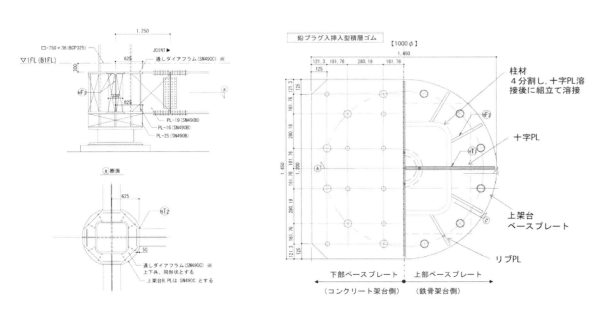

図 6.2.3 角型鋼管柱内に十字PLを設置した事例

⑤ 積層ゴムアイソレータのフランジプレートとボルト接合される鉄骨ベースプレートの平滑度管理、溶接によるひずみ対策を施す。
　溶接ひずみによりベースプレートに問題となるような反りが生じた場合には、再製作やフェーシング加工などの対応が必要となる場合がある。このため、接合部耐力に余裕があっても「ベースプレートには十分な板厚を確保して溶接ひずみの影響が小さくなるように配慮しておく」もしくは「設計時からフェーシング加工を考慮し、その旨を図面に示しておく」など、施工時に問題が生じないように、設計段階から対策を講じておくことが重要である。

⑥ 中間層免震では免震部材の耐火性能を確保するために、一般的には免震部材用の耐火被覆（大臣認定品）を設置すると共に、鉄骨柱脚部をコンクリートで被覆しSRC造とするか、梁を含めSRC造とする。

⑦ 上部鉄骨建方時に積層ゴムアイソレータに強制変形が生じないように、特に積層ゴムアイソレータ上フランジ面の設置精度に十分留意する。

6.3 鉛ダンパーの設計例

近年、図 6.3.1 に示すような鉛ダンパーの設計事例が減少しているため、本指針では参考資料として設計例を紹介する。

(1) 鉛ダンパー接合部の設計

鉛ダンパー接合部の設計用ダンパー水平反力は、材料認定書に示される復元力特性および実験結果を考慮して検討する。また、実験結果より、水平変形が大きくなるに伴い、鉛直方向に大きな軸力が生じるため、鉛直方向の引張力も考慮して接合部の設計を行う。

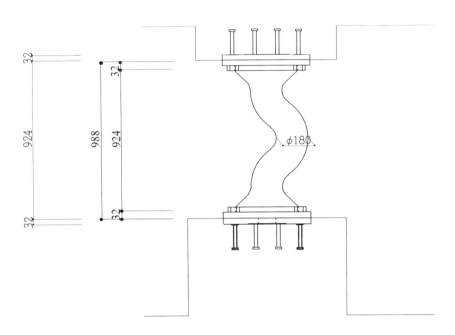

図 6.3.1 鉛ダンパー（U180、スタッドボルト取付タイプ）

1) 免震部材の認定書に示される各特性値
- ダンパー形式名　　　：U180
- 水平性能　　　　　　：初期剛性　K_1＝12,000 kN/m
  - 二次剛性　K_2＝　　0 kN/m
  - 降伏荷重　$_dQ_y$＝　90 kN
- 水平性能の変化率　　：経年変化率　なし
  - 温度依存性　初期剛性、二次剛性　　1.00
  - 降伏荷重　　　　　　　　　　　　　1.055
  - 5℃～25℃想定
  - （20℃を標準（1.00）とすると
  - -10℃で1.11倍より、5℃では1.055）
  - 周期依存性　なし
- ダンパー水平反力
  - Q_d＝1.055×90＝95.0 kN
  - M_d＝95.0×0.988/2＝46.9 kNm

ただし、接合部の設計用反力は、実験結果も考慮して決定することとする。

2) 鉛ダンパー接合部に作用する設計用反力

鉛ダンパーが水平変形した場合、ダンパー接合部に作用する軸力が比較的大きくなることが報告されている[*6-6],[*6-7]。また、図 6.3.2 に示す実験結果を見ると、水平せん断力についても材料認定書に示される反力よりわずかに大きな値となっている。

このことから、鉛ダンパーの接合部に考慮する設計用反力は、図 6.3.2 に示した実験結果（水平変形 400mm）における最大反力を基準値とし、環境温度変化による変化率を考慮して設定した。ただし、実験結果でノイズ的に反力値が跳ね上がる部分を無視して、最大反力を評価した。

設計用反力：$Q_d = 1.055 \times 150 = 158.3$ kN
$N_d = 1.055 \times 220 = 232.1$ kN
$M_d = 1.055 \times 25.0 = 26.4$ kN·m

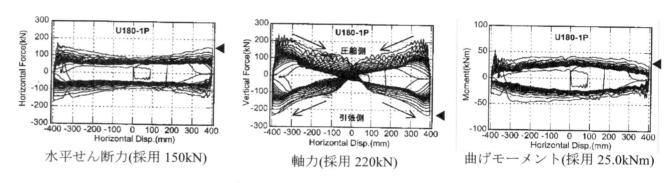

水平せん断力(採用 150kN)　　軸力(採用 220kN)　　曲げモーメント(採用 25.0kNm)

図 6.3.2 実験結果と採用値　　（◀:採用値を示す）

3) 頭付きスタッドボルト

スタッドボルトの耐力は「各種合成指針」に準拠する。

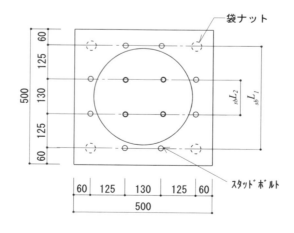

取付け躯体のコンクリートの設計基準強度　F_c36
スタッドボルト：$\phi25$ （$l=250$mm）
　　　　　　　　頭部径 D=41mm　頭部厚：12mm
　　　　　　　　本数 $n_b = 12$ 本（$L_e=188$mm）
　　　　　　　　$_{sc}a = 490$mm² （軸部断面積）
取付け部の断面係数 Z の算出
　$Z = 2 \times {}_{sc}a \times {}_{sb}L_1 + 4 \times {}_{sc}a \times {}_{sb}L_2{}^2/{}_{sb}L_1$
　　$= 288,800 + 67,600 = 460,388$ mm³
　${}_{sb}L_1$：最外端のスタッドボルト間隔　${}_{sb}L_1 = 380$mm
　${}_{sb}L_2$：内周部のスタッドボルト間隔　${}_{sb}L_2 = 130$mm

図 6.3.3 スタッドボルト配置図

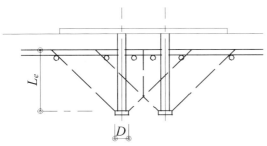

$L_e=250-12-50=188$ mm

$D=42$ mm

図 6.3.4 有効水平投影面積 (A_c)

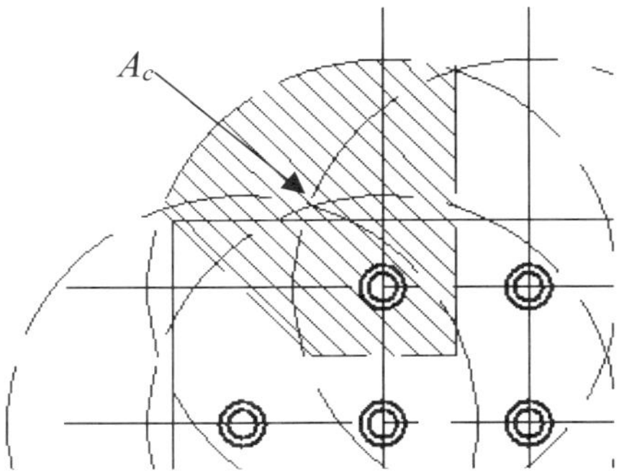

$A_c=52,932$ mm² (実寸面積：斜線部)

図 6.3.5 有効水平投影面積 (A_c)

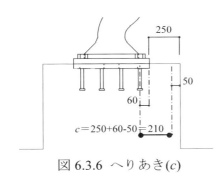

図 6.3.6 へりあき(c)

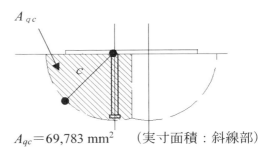

$A_{qc}=69,783$ mm² （実寸面積：斜線部）

図 6.3.7 側面におけるコーン状破壊面の有効面積 (A_{qc})

① 短期許容引張力(P_a)の算定

$$P_a=\min(P_{a1},\ P_{a2})=\min(115.4,\ 65.6)=65.6\ \text{kN/本}$$

a) スタッドボルト軸部の降伏により決まる場合の短期許容引張力(P_{a1})

$$P_{a1}=\phi_1\times {_s\sigma_{pa}}\times {_{sc}a}=1.0\times235\times490.9\times10^{-3}=115.4\text{kN/本}$$

b) コンクリート躯体のコーン状破壊により決まる場合の短期許容引張力(P_{a2})

$$P_{a2}=\phi_2\times {_c\sigma_t}\times A_c=2/3\times0.31\times\sqrt{36}\times52,932\times10^{-3}=2/3\times98.5=65.6\ \text{kN/本}$$

スタッドボルトの短期許容引張力時の頭部支圧応力度に対して、コンクリートの短期許容支圧応力度(f_n)以下であることを確認する。

$$P_a=\min(P_{a1},\ P_{a2}{}^*)=\min(89.3,\ 156.0)=89.3\ \text{kN/本}$$

＊コーン状破壊による耐力(P_{a2})は、安全側の検討として投影面積の重なりの低減のない引張耐力 ($A_c=125,802$)により確認する。

$P_a/A_o=156.0\times1,000/829.4=188.1\text{N/mm}^2\ \leqq\ f_n=216.0\ \text{N/mm}^2$　　　OK

$$f_n=\sqrt{A_c/A_0}\times F_c=6\times36=216.0\ \text{N/mm}^2$$
$$\sqrt{A_c/A_0}=13.57>6$$

② 短期許容せん断力(q_a)の算定

$$q_a = \min(q_{a1}, q_{a2}, q_{a3}{}^*) = \min(80.7, 175.9, 86.5) = 80.7 \text{kN/本}$$

q_{a1}： スタッドボルトのせん断降伏強度により決まる場合の短期許容せん断力

q_{a2}： コンクリート躯体の支圧強度により決まる場合の短期許容せん断力

q_{a3}： コンクリート躯体の側面コーン状破壊により決まる場合の短期許容せん断力

＊有効埋込み長さの検討について

スタッドボルトはベースプレートに取り付けられており、スタッドボルトの回転変形に対し十分な拘束効果を保持しているため、検討は省略する。

4) 接合部の検討

スタッドボルト1本当りの引張力(P_s)の算定

$$P_s = {}_{sc}a \times M_d/Z + N_d/n_b = 490.9 \times 26.4 \times 10^3/460,388 + 232.1/12$$
$$= 28.15 + 19.34 = 47.5 \text{kN/本} \leqq P_a = 65.6 \text{ kN/本 OK}$$

スタッドボルト1本当りのせん断力(q_s)の算定

$$q_s = Q_d/n_b = 158.3/12 = 13.19 \text{ kN/本} < q_a = 80.7 \text{ kN/本} \quad \text{OK}$$

引張力とせん断力の組合せ応力に対する検討

$$(P_s/P_a)^\alpha + (q_s/q_a)^\alpha = (47.5/65.6)^1 + (13.19/80.7)^1 = 0.89 \leqq 1.0 \quad \text{OK}$$

ここで、$\alpha = 1.0$

(参考)

免震部材の材料認定書に示される各特性値による反力に対する検討

参考として、免震部材の材料認定書に示された反力を用いた場合の検討結果を示す。実験結果に基づき定めた反力の方が材料認定書に示される反力より大きくなる場合があるため、設計者は材料認定書に加え、実験結果も考慮して設計用反力を定める必要がある。

設計用反力：$Q_d = 1.055 \times 90 = 95.0$ kN

$$M_d = 1.055 \times 90 \times 0.988/2 = 46.9 \text{ kN·m}$$

スタッドボルト1本当りの引張力(P_s)の算定

$$P_s = {}_{sc}a \times M_d/Z = 490.9 \times 46.9 \times 10^3/460,388 = 50.0 \text{kN/本} \quad \leqq P_a = 65.6 \text{ kN/本} \quad \text{OK}$$

スタッドボルト1本当りのせん断力(q_s)の算定

$$q_s = Q_d/n_b = 95.0/12 = 7.9 \text{kN/本} \quad \leqq q_a = 80.7 \text{ kN/本} \quad \text{OK}$$

引張力とせん断力の組合せ応力に対する検討

$$(P_s/P_a)^1 + (q_s/q_a)^1 = (50.0/65.6)^1 + (7.9/80.7)^1 = 0.76 + 0.10 = 0.86 \quad \leqq 1.0 \quad \text{OK}$$

(2) 鉛ダンパーの取付け躯体の設計

鉛ダンパーの取付け躯体について、地震被害事例[6-8), 6-9)]が報告されている。ここでは、鉛ダンパーの応力を負担する反力梁の設計例を示す。

鉛ダンパーの配置は、大梁に干渉しない最も不利側のフレーム間中央の配置を想定する。鉛ダンパーはU2426型とし、ダンパー受け梁はダンパー性能を発揮するため、コンクリートの曲げひび割れ応力度以内であることを確認する。

1) 鉛ダンパーの設計用反力

設計用最大水平変形は、極めて稀に発生する地震動時相当(δ＝400mm)として、ダンパー部材の特性変動を考慮する。接合部の検討と同様に、実験結果[6-6), 6-7)]に基づき設定した。

設計用反力（U2426型）
Q_d＝1.055×300＝316.5kN
N_d＝1.055×300＝316.5kN
M_d＝1.055×110＝116.1kN・m

参考：U180型の場合
Q_d＝1.055×150＝158.3kN
N_d＝1.055×220＝232.1kN
M_d＝1.055×25.0＝26.4kN・m

2) 反力梁に生じる応力

反力梁には、図6.3.8に示すように、水平せん断力からの付加曲げ（①M_{Q-H}）に加え、軸力（N_d）より生じる曲げ（②M_{N-L}）が作用する。

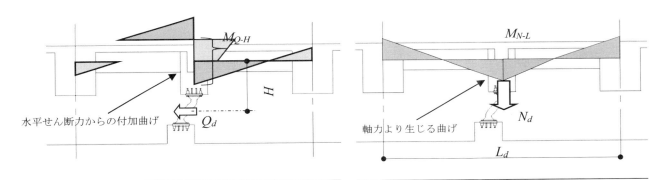

① M_{Q-H}：水平せん断力(Q_d)により作用する応力
H：ダンパー反力作用位置から、鉛ダンパー反力梁芯の距離

② M_{N-L}：軸力(N_d)により作用する応力
L_d：スパン長さ　M_{N-L}＝N_d×L_d/8

図6.3.8 反力梁に生ずる応力図

3) 設計条件および諸元

一般的には大梁側面などに配置するが、本設計例ではスパン（6.0m）中央に配置した場合を想定する。反力梁は小梁と兼用して X、Y 方向それぞれに配置する。

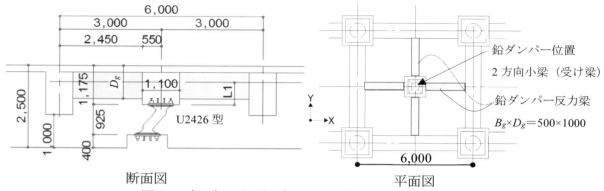

図 6.3.9 鉛ダンパーとダンパー反力梁配置図

① 鉛ダンパー反力梁の諸元

断　　面　：$B_g \times D_g$=500×1000

（$Z_e = B_g \times D_g^2/6 = 500 \times 1000^2/6 = 83,333,000 mm^3$）

主　　筋　：4－D22（SD345）

あばら筋　：□－D13@200（SD295）

コンクリート：F_c30（σ_B=30N/mm²）、かぶり厚 40mm

ス パ ン　：L_d=6000mm

ダンパー反力作用面から梁芯までの距離：L1=1,175－500=675mm

② ひび割れモーメントの算定：　$M_c = 0.56\sqrt{\sigma_B} \times Z_e$　σ_B=30N/mm²　Z_e：断面係数

③ 荷重条件　　　長期検討用荷重：架台・受け梁自重およびスラブ床荷重を考慮

（梁自重＋スラブ自重＋仕上げ等（3,000N/m²）＋積載荷重（1,800N/m²））

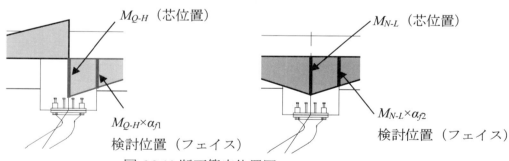

図 6.3.10 断面算定位置図

④ 各芯位置の設計応力の算定

$M_{Q-H} = Q_d \times L1 + M_d$＝316.5×0.675+116.1＝213.6+116.1＝329.7kNm

$M_{N-L} = N_d \times L_d/8/2^*$＝316.5×6/8/2＝237.4/2＝118.7kN・m　　　＊2方向の反力梁で負担する。

M_L　＝69.3kN・m　（長期の梁中央の曲げ荷重）

⑤ 検討位置での曲げ応力算定

応力勾配を考慮したフェイス位置の低減係数　α_{f1}＝0.725、α_{f2}＝0.633

$M_d = M_L \times \alpha_{f2} + M_{Q-H}/2 \alpha_{f1} + M_{N-L} \times \alpha_{f2}$＝69.3×0.633+329.7/2×0.725+118.7×0.633

＝43.9+119.5+75.1＝238.5kN・m

4) 反力梁の断面算定
   ① 曲げモーメントに対する検討
   　　　$f_t=345$ N/mm^2（短期）、$d_t=90$ mm、$j=796.25$ mm より、
   　　　　$a_t=M_d/(f_t\times j)=238.5\times10^6/(345\times796.25)=870$ mm^2 → 4-D22（$a_t=1,548$ mm^2）
   ② せん断に対する検討
   　　　$f_s=1.19$ N/mm^2、$p_w=2\times127/(500\times200)=0.00254$、$α3=2.0$ より、
   　　　$Q_A=500\times796.25\{2/3\times2.0\times1.19+0.5\times295(0.00254-0.002)\}/10^3$
   　　　　　$=663.4$ kN $\geqq$ $Q_d=316.5$ kN　OK
   ③ ひび割れモーメント M_c に対する検討
   　　　$M_c=0.56\times\sqrt{\sigma_B}\times Z_e=0.56\times\sqrt{30}\times83,333,000/10^6=255.6$ kN·m $\geqq M_d=238.5$ kN·m

5) 検討結果

6m×6m のスラブ中央に鉛ダンパー（U2426 型）の配置を想定した特殊な設計例ではあるが、反力梁の断面は 500mm×1000mm 程度が必要となる。

仮に、同様の条件で、反力梁を設けずにスラブ（盤状部材）のみで鉛ダンパーの反力負担および剛性確保を想定すると、ダンパー接合部から部材芯までの距離が大きくなることで負担応力が大きくなる影響もあり、U2426 型で 700mm 程度以上（U180 型で 500mm 程度以上）のスラブ厚が必要となる。このため、鉛ダンパーの接合部には、反力梁による応力伝達を考慮した設計が推奨される。

参考文献

*6-1)：日本免震構造協会「MENSHIN」NO.98　2017.10

*6-2)：髙山、森田、柳「積層ゴムフランジの取付けボルト孔径に着目した圧縮せん断実験」第 16 回日本地震工学シンポジウム,2018

*6-3)：三須、清水、他「軸力を受ける積層ゴムの接合部に発生する応力に関する実験」日本建築学会構造系論文集第 85 巻第 776 号　2020 年 10 月

*6-4)：日本免震構造協会「免震建物の耐火設計ガイドライン」　2019 年 9 月

*6-5)：髙山、他「鉄骨柱の軸圧縮力を考慮した積層ゴムの有限要素解析（その 1、その 2）中実断面柱を想定した解析」日本建築学会大会学術講演梗概集　2016 年 8 月

*6-6)：髙山、森田、他「鉛ダンパーの取り付け部に作用する軸力と曲げモーメントに関する研究」日本建築学会九州支部研究報告集 45 号　2006 年 3 月

*6-7)：髙山、森田、他「免震用鉛ダンパーの取り付け部に作用する軸力と曲げモーメントに関する研究（その１、その２）」日本建築学会大会学術講演梗概集（関東）　2006 年 9 月

*6-8)：日本建築学会編「2005 年福岡県西方沖地震災害調査報告」　2005 年 9 月

*6-9)：建築研究所「2016 年熊本地震建築物被害調査報告（速報）」建築研究資料 No.173 号　2016 年 9 月
　　　https://www.kenken.go.jp/japanese/contents/publications/data/173/

付録. 第4版の改訂内容

第3版からの主な改訂内容を以下に示す。

・アンカーボルトの組合せ力に対する係数 α の変更

　アンカーボルト（スタッドボルト・突起付きボルト）に引張力とせん断力が同時に作用する場合の組合せ力に対する係数 α を従来 2.0（2乗和で算定）としていたが、各種合成指針2023年版では α が「原則として 1.0 とする」と変更された。このため、本指針第4版においても α は 1.0（単純和で算定）とすることを原則とした。

・取付け躯体の圧縮応力に対する支承面積の変更

　積層ゴムアイソレータ直下では、局所的に大きな支圧応力が作用するため、取付け躯体コンクリートが短期許容支圧応力度以下であることを検討するが、この際に用いる支承面積 $(_nA_c)$ は、支圧面積 (A_1) から 45 度の広がりを考慮した取付け躯体内の面積とした。

・留意点や関係論文についての追記

　周辺フレームの剛性が低い場合の積層ゴムアイソレータの反曲点高さへの影響、高支持力を受ける取付け躯体のコンクリート支圧強度、フランジプレートのボルト孔径について、留意点を追記し、関係論文などを紹介した。また、鉄骨造の免震建物では、施工時に問題となるベースプレートの平滑度などを追記し、設計・施工時の留意点を示した。

・免震部材の追加

　弾性すべり支承接合部の設計と設計例を追加した。

・設計例の修正・変更

　上記の改訂を考慮して、各種アイソレータの接合部の設計例を修正・変更した。また、鋼製ダンパー付き積層ゴムアイソレータの接合部設計例は、上記の改訂に加え、鋼製ダンパー部の設計用荷重を変更し、メーカーが示す接合部用の設計荷重を採用した。さらに、鉛ダンパーは、設計事例が減少していることから、6章の参考資料として設計例を示すこととした。

第3版と第4版の設計例における接合部および取付け躯体の比較を付表1に示す。第4版の設計例は、第3版と同部材・同条件で設計を行っている。ただし、「アンカーボルトの組合せ力に対する係数 α の変更」、「取付け躯体の圧縮応力に対する検討方法に用いる支承面積の変更」を反映した設計例となっている。

本設計例の比較において、ϕ800程度の積層ゴムアイソレータでは、接合部および取付け躯体は第3版と同様である。ただし、引張軸力を考慮した設計例の場合、アンカーボルト径が大きくなる（M30→M33）傾向にある。比較的大きなアイソレータ径（ϕ1300、ϕ1400）の設計例では、取付け躯体のコンクリート強度と躯体幅、躯体高さが大きくなる傾向にある。

付表1　第3版と第4版の設計例諸元の比較

天然ゴム系積層ゴムアイソレータ　ϕ1300			第3版	第4版
取付けボルト・突起付きボルト			12-M36	12-M36
コンクリートの設計基準強度	F_c	(N/mm^2)	30	**48**
取付け躯体幅	B	(mm)	2150	**2450**
取付け躯体高さ		(mm)	—	400

鋼製ダンパー付き積層ゴムアイソレータ　ϕ700			第3版	第4版
取付けボルト・突起付きボルト			8-M33	8-M33
コンクリートの設計基準強度	F_c	(N/mm^2)	30	30
取付け躯体幅	B	(mm)	1600	1600
取付け躯体高さ		(mm)	—	300

鉛プラグ入り積層ゴムアイソレータ　ϕ800			第3版	第4版
取付けボルト			12-M30	12-M30
コンクリートの設計基準強度	F_c	(N/mm^2)	36	36
取付け躯体幅	B	(mm)	2050	2050
取付け躯体高さ		(mm)	300	300

鉛プラグ入り積層ゴムアイソレータ　ϕ800(引張軸力考慮)			第3版	第4版
取付けボルト			12-M30	12-**M33**
コンクリートの設計基準強度	F_c	(N/mm^2)	36	36
取付け躯体幅	B	(mm)	2050	2050
取付け躯体高さ		(mm)	300	300

鉛プラグ入り積層ゴムアイソレータ　ϕ1400(引張軸力考慮)			第3版	第4版
取付けボルト			12-M45	12-M45
コンクリートの設計基準強度	F_c	(N/mm^2)	36	**48**
取付け躯体幅	B	(mm)	2700	2700
取付け躯体高さ		(mm)	300	**400**

※：下線＿は、第3版からの変更箇所を示す。

「免震部材の接合部・取付け躯体の設計指針」(初版) 作成担当

□技術委員会 免震設計部会 設計小委員会

委員長	藤森 智	松田平田設計
委　員	市川 一美	東急建設
〃	上河内宏文	元　日建ハウジングシステム
〃	公塚 正行	ｉ２ｓ２
〃	佐藤 正浩	東京建築研究所
〃	高原 伸一	熊谷組
〃	竹内 章博	西松建設
〃	中川 理	構建設計研究所
〃	中島 徹	大成建設
〃	中村 淳一	佐藤総合計画
〃	平間 光	長谷工コーポレーション
〃	古橋 剛	日本大学
〃	丸山 東	鹿島建設
〃	谷地畝和夫	戸田建設
〃	山﨑 達司	前田建設工業

□周辺部材安全性検討 WG

主　査	公塚 正行	ｉ２ｓ２
委　員	柏木 栄介	住友金属鉱山シポレックス
〃	可児 長英	日本免震構造協会
〃	木林 長仁	竹中工務店
〃	慶伊 道夫	日建設計
〃	小西 宏明	新日鉄エンジニアリング
〃	高原 伸一	熊谷組
〃	露木 保男	カヤバシステムマシナリー
〃	中川 理	構建設計研究所
〃	原田 直哉	アルテス
〃	古橋 剛	日本大学
〃	谷地畝和夫	戸田建設
〃	箭野 憲一	カジマ　メカトロ　エンジニアリング
〃	和田 章	東京工業大学

「免震部材の接合部・取付け躯体の設計指針」（第2版）作成担当
　□技術委員会 免震設計部会 設計小委員会
　　　委員長　　藤森　智　　　　松田平田設計
　　　委　員　　市川　一美　　　東急建設
　　　　〃　　　伊藤　裕一　　　大建設計
　　　　〃　　　公塚　正行　　　ｉ２ｓ２
　　　　〃　　　小山　慶樹　　　奥村組
　　　　〃　　　佐藤　正浩　　　東京建築研究所
　　　　〃　　　高原　伸一　　　熊谷組
　　　　〃　　　竹内　章博　　　西松建設
　　　　〃　　　德武　茂隆　　　三井住友建設
　　　　〃　　　中川　理　　　　構建設計研究所
　　　　〃　　　中島　徹　　　　大成建設
　　　　〃　　　中村　淳一　　　佐藤総合計画
　　　　〃　　　平間　光　　　　長谷工コーポレーション
　　　　〃　　　古橋　剛　　　　日本大学
　　　　〃　　　丸山　東　　　　鹿島建設
　　　　〃　　　谷地畝和夫　　　戸田建設
　　　　〃　　　山﨑　達司　　　前田建設工業

「免震部材の接合部・取付け躯体の設計指針」（第3版）作成担当
　□技術委員会 免震設計部会 設計小委員会
　　　委員長　　藤森　智　　　　松田平田設計
　　　委　員　　石塚　広一　　　構造計画研究所
　　　　〃　　　市川　一美　　　東急建設
　　　　〃　　　伊藤　裕一　　　大建設計
　　　　〃　　　桑　　素彦　　　戸田建設
　　　　〃　　　小山　慶樹　　　奥村組
　　　　〃　　　佐藤　正浩　　　東京建築研究所
　　　　〃　　　霜田　麻由美　　熊谷組
　　　　〃　　　竹内　章博　　　西松建設
　　　　〃　　　德武　茂隆　　　三井住友建設
　　　　〃　　　中川　理　　　　構建設計研究所
　　　　〃　　　中澤　誠　　　　長谷工コーポレーション
　　　　〃　　　中島　徹　　　　大成建設
　　　　〃　　　中村　淳一　　　佐藤総合計画
　　　　〃　　　古橋　剛　　　　日本大学
　　　　〃　　　丸山　東　　　　鹿島建設
　　　　〃　　　室　　重行　　　清水建設
　　　　〃　　　吉田　実　　　　前田建設工業

「免震部材の接合部・取付け躯体の設計指針」(第4版) 作成担当

□技術委員会 免震設計部会 設計小委員会

委員長	中川	理	構建設計研究所
副委員長	藤森	智	松田平田設計
委　員	青木	貴	清水建設
〃	石塚	広一	構造計画研究所
〃	伊藤	裕一	大建設計
〃	今鉾	淳史	山下設計
〃	勝木	隆洋	東急建設
〃	北村	佳久	日本免震構造協会
〃	桑	素彦	戸田建設
〃	小山	慶樹	奥村組
〃	佐藤	正浩	東京建築研究所
〃	霜田	麻由美	熊谷組
〃	竹内	章博	西松建設
〃	徳武	茂隆	三井住友建設
〃	中澤	誠	長谷工コーポレーション
〃	中島	徹	大成建設
〃	百野	泰樹	大林組
〃	古橋	剛	元日本大学
〃	松原	貴章	日建設計コンストラクション・マネジメント
〃	丸山	東	鹿島建設
〃	吉田	実	前田建設工業

「お知らせ・免責事項」

本書の著作権は（一社）日本免震構造協会（JSSI）に帰属します。無断転載複製を禁じます。発行者の事前の書面による許可がない限り、法律で認められた場合を除き、本書のいかなる部分も、電子的、機械的、コピー、録音などの形式または手段によって複製・翻案等をすることや、検索システムに保存、送信することはできません。また、代行業者等の第三者に依頼してコピーやデジタル化を行うこともできません。JSSI、その委員会、執筆者、またはこの文書の作成に関わった個人は、この文書の内容（図表及びデータを含みます）の使用および/または適用に関していかなる保証も提供せず、法的責任や個人の責任を負いません。この文書を何らかの形で使用する場合、使用者はこの情報の適用および使用に対する全責任を負います。

学校・企業・団体等において、上記のような使い方をされる場合には特にご注意ください。
お問合せは下記へお願いします。

〒150-0001
　　東京都渋谷区神宮前2-3-18 JIA館2階
　　　一般社団法人日本免震構造協会　事務局
　　　　　TEL : 03-5775-5432　　e-mail : jssi@jssi.or.jp　　https://www.jssi.or.jp/

正誤表が発生した場合は、ホームページに掲載いたしますので、
下記アドレス/QRコードよりご確認ください。

https://www.jssi.or.jp/publication

免震部材の接合部・取付け躯体の設計指針（第4版）

一般社団法人日本免震構造協会編
発行年月　　　　　2025年4月

印刷　（株）大應
101-0047 東京都千代田区内神田1-7-5
TEL 03-3292-1488, FAX 03-3292-1485

ISBN978-4-909458-12-4